Olesja Silkina

AF237414

Natürlich Frau

∞

Es gehört mehr Mut dazu, seine Meinung zu ändern
als ihr treu zu bleiben. *(Friedrich Hebbel)*

Inhaltsverzeichnis

Natürliche Rezepte für die Schönheit
*Die Trickkiste *

1. Vorwort

Liebe Leserinnen, liebe Leser,

dieses Buch ist entstanden, weil ich gemerkt habe, dass der menschliche Intellekt nach und nach an seine Grenzen stößt. Das passiert, weil wir dem Intellekt sehr viel zuschreiben. Der Intellekt ist ein Werkzeug unseres Körpers – nicht mehr und nicht weniger. In der großen Informationsflut findet man falsche Ideale und kommt somit zu einer unangenehmen Lebensweise. Am Ende leidet man selbst, zum Leid gehören emotionale Störungen, negative Gedankengänge und letztendlich Krankheiten und Einsamkeit. Leider versteht nicht jeder, warum er leidet, aber genau das gilt es herauszufinden. Herausfinden bedeutet, neugierig sein und den Mut zu besitzen dem emotionalen oder körperlichen Schmerz zu begegnen und ihn zu besiegen. Wir müssen verstehen, dass ohne Negatives nichts Positives entstehen kann und es ist unsere Entscheidung, welche Überzeugung zu gewissen Dingen wir pflegen. Man kann sein Leid weiter ausbauen, indem man zweifelt, noch negativer denkt und das Problem bis ans Äußerste treibt, ohne darin einen Sinn und Zweck zur Besserung der inneren Ansprüche und geistigen

Wachstum zu sehen. Oder man kann es umkehren, transformieren und daraus neue Energien schöpfen. Doch es erfordert Mut und den bekannten ersten Schritt.

Zunächst sollten wir ganz genau wissen, dass unsere Seele mit einem Plan auf die Erde kommt. Ihr Ziel ist es Erfahrungen zu sammeln. Sie ist bereits mit allen Instrumenten für jede Art von Erfahrung ausgestattet, sonst würde sie hier nicht überleben. Wir glauben doch nicht, dass die Seele kommt und vorzeitig gehen will? Es liegt auf der Hand, dass planlose Seelen auf Erden einen Chaos hinterlassen würden. Und dadurch, dass es einen Plan gibt, gibt es auch die entsprechende Ausstattung, deshalb gibt es überhaupt keinen Grund ängstlich zu sein. Angst ist auch ein Instrument, mit dem wir arbeiten sollten. Angst beschützt unser Leben, in dem es Adrenalin produziert, um uns aus gefährlicher Situation herauszuhelfen, um uns in diesem einen Moment genügend körperlicher Kraft zu geben und unseren Überlebenswillen zu aktivieren. Diese Eigenschaft hilft in Notsituationen, aber angewandt auf psychischer Ebene bewirkt es eher Panikattacken und Enge. Heute zählt man unzählige Arten von Angst, doch die meisten befinden sich auf der psychischen Ebene, wo sie nicht hingehören. Alle möglichen Arten von Phobien kommen nicht von

irgendwoher. Und finden wir heraus, wo sie herkommen, werden wir verstehen, dass es keine Angst war, sondern nur ein Programm in uns, dass uns vielleicht irgendwann mal in die Psyche eingepflanzt worden ist und uns eine lange Zeit beeinflusst hat, wie ein Befall. Wenn man kleine Kinder beobachtet, stellt man schnell fest, dass sie keine Angst haben. Sie können die heiße Herdplatte anfassen, weil sie eben nicht wissen, dass man sich verbrennt und es weh tut. Also ist die Angst auf psychischer Ebene ein Produkt aus unseren vergangenen Erfahrungen. Aus diesem Grund haben Sie bitte keine Angst herauszufinden, woher Ihre Angst-Programme stammen und was sie in Ihnen bewirken. Erkennen Sie sie und ersetzen Sie sie. Diese ständige Neugier, Mut und Offenheit dem eigenen Selbst gegenüber wird Sie stärker, freier und glücklicher machen.

In diesem Buch stelle ich ganz bewusst viele Fragen, die Sie zum Nachdenken anregen sollen und Ihre innere Re-Formation wird dadurch aktiviert.

Bilden Sie sich doch selbst Ihre persönliche Meinung und machen Sie Ihren persönlichen ersten Schritt in ein anderes Leben.

Hinweis

Seien Sie bitte informiert, dass ich kein Mediziner bin. All das, was ich in diesem Buch beschreibe, basiert auf persönlichen Erfahrungen und Experimenten, denen ich mich selbst unterzogen habe.

Falls Sie bei irgendwelchen Aktionen Bedenken haben, lassen Sie sich von Ihrem Arzt beraten. Die Bedenken haben immer ein Recht darauf zu existieren und kommen nicht von irgendwoher.

Jeder Mensch ist ein komplexes Wesen mit seinen Stärken und Schwächen auf der physischen, psychischen und energetischen Ebenen. Das was einem guttut, kann einem anderen schaden.

2. Die neue Zeit mit viel Elan: Es kommt die Ära Wassermann

Wir können uns glücklich schätzen, weil wir eine sehr große Wandlung auf diesem Planeten miterleben dürfen. Ende 2012 ist eine große Ära zu Ende gegangen – Ära „Fische". Die Eigenschaften von dieser Ära waren vor allem das Vertrauen in die Erfahrung älterer Menschen und ihre Lebenseinstellungen.

Gewisse Charaktereigenschaften, Art und Weise zu leben, zu denken und handeln, hingen sehr davon ab, was die Vorfahren erlebt haben. Sie gaben ihr persönliches und übernommenes Wissen an uns weiter, damit wir Kinder ein einfacheres Leben haben. Diese Art und Weise zu leben drängt uns in eine komplette Abhängigkeit von unseren Vorfahren, Großeltern und Eltern. Man hat die Ratschläge nicht hinterfragt, sondern eher befolgt. Dazu gibt es sogar eine kleine Geschichte:

„Ein kleines Mädchen schaut seiner Mutter bei der Zubereitung eines Stücks Fleisch zu. Die Mutter schneidet von jeder Seite einen Teil ab und erst dann beginnt sie das Fleisch zu würzen und braten. Da fragt das Mädchen:

- „Mama, warum schneidest du das Fleisch von jeder Seite etwas ab? Das scheint doch noch gut zu sein."
- „Das ist nun mal der Vorgang der Zubereitung das gehört dazu. Das hat mir meine Mutter so beigebracht. Vielleicht solltest du sie fragen."

Das macht das Mädchen natürlich:

- „Oma, warum muss man das Stück Fleisch von jeder Seite abschneiden, bevor man das zubereiten kann?"
- „Hmmm…." – sagt die Oma – „so hat meine Mutter auch immer gemacht. Ehrlich gesagt, weiß ich das nicht. Frag sie doch mal."

Voller Neugier geht die Kleine zur Uroma:

- „Ich habe meiner Mutter beim Zubereiten des Fleisches zugesehen und sie schneidet von jeder Seite ein Stückchen ab und schmeißt es fort. Sie meint das wurde schon immer so gemacht. Kannst du mir sagen warum?"
- Da lächelt die Uroma und sagt: „Ich musste es zurechtschneiden, weil der einzige Topf, den ich hatte, ziemlich klein war."

So hat das kleine Mädchen herausgefunden, was der wirkliche Grund dieses Handelns war.

Und genau das, liebe Leserinnen und Leser, ist die beste Beschreibung für den Übergang von der Ära Fische, wo wir all das gemacht haben, was die anderen machten, in die Ära Wassermann. Es gilt zu erkennen, was der wesentliche Kern ist und persönliche Erfahrungen zu machen.

Die NEUE Ära hat gewisse Merkmale und wenn wir uns an diese halten, wird unser Leben harmonischer, denn wir fangen an mit der Zeit zu gehen und uns an die neuen Regeln zu halten. Eine Eigenschaft von dieser Zeit ist die Zusammenführung aller Menschen und Religionen auf unserem Planeten. Wir sehen die bereits eingetretenen Geschehnisse. Die sogenannte Flüchtlingskrise macht überall die Runde. Doch eine Krise ist es bei Weitem nicht, wenn man bereit ist, die Merkmale der Neuen Zeit anzunehmen. Für viele Menschen ist es eine Katastrophe und es gibt Menschen, die sich darüber freuen. Und alle beide Menschengruppen entscheiden selbst wie sie mit dieser Situation umgehen. Was meinen Sie, was ist einfacher? Kämpfen oder Annehmen einer uns nicht bekannten Situation? Und nun prüfen Sie sich selbst, wie viel Energie verlieren Sie, wenn Sie mit etwas oder jemand kämpfen? Man ist mental nur noch damit beschäftigt über die Situation nachzudenken und kommt aber zu keinem Ergebnis, weil man eben bestimmte Situationen nicht beeinflussen kann. Und wie viel Energie brauchen Sie für das Annehmen? Ich bin überzeugt, dass das Annehmen weniger blauer Flecken mit sich bringt. Der Unterschied zwischen den beiden Menschengruppen ist ein Einziger - die einen gehen mit der Zeit und die anderen NOCH nicht. Finden Sie nicht, dass diese Situation uns auf unserer moralischen Ebene belehrt? Ich bin der Meinung, dass es uns heute am moralischen Reichtum fehlt und vielleicht waren wir es eben selbst, wir - die Menschen und das kollektive Bewusstsein, die diese Situation angezogen haben, um des Besseren belehrt zu werden.

Ein weiteres Merkmal von der Neuen Zeit ist der Übergang von der Erde selbst in die fünfte Dimension. Die Erde vibriert schneller. Wir merken das nicht auf der physischen Ebene, weil wir den gleichen Grad der Vibration auf der Ebene der Materie haben. Allerdings macht es sich auf der psychischen Ebene (die sogenannte feinstoffliche Materie) doch arg bemerkbar. Wir fühlen uns schnell übermüdet und vielen Dingen nicht gewachsen. Wir haben körperliche Leiden, sind gereizt oder einfach unzufrieden mit sich selbst. Die unterschiedlichsten Situationen in unserem Leben kommen gesammelt auf einen zu und überlasten uns.

Wer sich ein bisschen mit Physik auskennt, weiß, dass eine höhere Vibration eine höhere Energieproduktion bedeutet. Mehr Energie im Leben bedeutet auch mehr Intensität. Und hier kommt es darauf an, welche Energien Sie in sich tragen. Sind es mehr positive Energien, dann werden Sie mehr Positives in Ihr Leben ziehen und erfahren. Sind Sie aber jemand, der mit vielen negativen Einstellungen lebt, dann werden sich auch diese intensivieren und noch mehr Negatives wird in Ihr Leben herangezogen. Negative Energie bedeutet die vielen negativen Eigenschaften eines Charakters und seine Ängste.

Nun ein Beispiel: eine Person hat Wasserphobie. Seit ihrer Kindheit schwimmt sie nicht so gern und meidet die Wassertiefe. Über die Jahre und mit dem Großwerden lernt diese Person mit ihrer Wasserphobie umzugehen. Das Duschen oder in der Badewanne liegen, ist kein Problem mehr, also wird das Schwimmen auch erlernt und Plantschen im Schwimmbad macht irgendwann mal sogar Spaß. Also ändert diese Person ihr Verhalten – sprich sie trainiert sich das Verhalten über die Jahre an. Wenn es aber zu einer sehr stressigen Situation kommt oder angsteinjagende Geschehnisse in das Leben dieser Person treten, dann wird diese Person (oder besser gesagt der Cortex – das Vorderhirn) ihre

Phobie nicht mehr kontrollieren können und gerät in Furcht und Panik beim Anblick des Wassers.

So liegen auch viele negative Programme ganz tief und versteckt in uns. Wir haben gelernt damit zu leben. Allerdings, in einer stressigen Situation verändert unser Körper seinen Hormonhaushalt, das Herz schlägt schneller, die Blutbahnen sind aktiviert und die Produktion unserer Energien wird erhöht, und somit steigt auch der Vibrationsgrad. In diesem Moment können wir nichts mehr kontrollieren und auch die „versteckten" Charaktereigenschaften oder Ängste geraten außer Kontrolle. In so einer Situation wird man handeln, wie man kann und wie man ist.

Dadurch, dass die Mutter-Erde gerade höher vibriert und wir mit ihr, fühlen wir unterbewusst einen bestimmten und andauernden Stresspegel, der unsere negativen Eigenschaften offenlegt. Das bedeutet, dass in der jetzigen Zeit alles transparent, klar und deutlich wird. Sie werden von Anfang an wissen, welcher Art von Menschen Sie begegnen. In der Ära Wassermann kommt alles ans Licht.

Was tun, wenn Sie selbst ein Träger der negativen Energien wie Aggression, Wut, Zorn, Ablehnung, Pessimismus sind? Gestehen Sie sich das ein. Nur

Einsicht bringt Besserung und mehr Harmonie in Ihr Leben. Die Dinge, die sie wahrhaftig einsehen und erkennen, können umgewandelt werden und neue Programme treten in Ihr Bewusstsein. Je positiver desto besser. Seien Sie mutig sich damit auseinander zu setzen, denn ein Naturgesetz besagt, dass man Positives nicht erfährt ohne Negatives erfahren zu haben. Was Ihnen aber Hoffnung geben sollte, ist die Tatsache, dass eine Energie neutral ist und nur wir Menschen dieser Energie eine Bedeutung zuschreiben. Wenn Sie eine innere Re-Formation vollbringen möchten, dann ist es ratsam zurück zur Neutralität zu kommen und dann eine neue Perspektive für sich zu eröffnen.

In dieser Zeit wird die Menschheit zweigeteilt – in die Guten und die weniger Guten. Wer von Ihnen religiös ist, wird diese Aussage sicherlich bestätigen. Und es ist immer unsere persönliche Entscheidung, zu welcher Gruppe wir gehören wollen. Nur eins funktioniert nicht mehr: im Äußeren vom Guten predigen und im Inneren ganz vom Gegenteil überzeugt sein. Man kann die Menschen in die Irre führen, aber nicht das eigene Karma. Die Angehörigkeit zu irgendeiner Gruppe ist immer die innere Einstellung und die persönliche Überzeugung von einer bestimmten Lebensart. Es erwartet niemand von Ihnen, dass Sie dem heutigen Leben komplett entsagen und irgendwo im Dschungel mit dem Balu wohnen. Alles ist ein Prozess und auch die innere Re-Formation wird nach und nach entstehen, sobald Sie anfangen, sich selbst zu beobachten und an sich selbst zu arbeiten. Es ist durchaus möglich auch in der modernen Welt gewisse Tugenden, Sitten und Werte zu leben.

Wenn man sich die Zeit als solches anschaut, sollte man nicht außer Acht lassen, dass die erhöhte Vibration auf dem Planeten Erde eine schnellere Reaktion mit sich bringt. Reaktion ist immer ein Endprodukt einer Aktion. Wenn Sie urteilt haben, dann sollten Sie sich nicht wundern, wenn in ca. einer Woche jemand anderes über Sie urteilt. Dieses Payback kommt nun schneller zu uns. Was in der Ära Fische sehr lange dauerte und wir uns beim Eintreffen einer negativen Situation meistens fragten, was man eigentlich getan hat, dass einem so etwas Negatives passiert, weil man eben nicht mehr wusste, was vor zwei Jahren war und dies geschieht nun schneller. Und damit unser Erinnerungsvermögen nicht mehr ausradiert werden kann, geschehen nun mal die Dinge zeitnah und der Grund dafür ist, uns bewusst zu machen welche Energien wir in uns tragen - unsere Gedanken, Gefühle und unser Handeln werden in dieser Ära auf die Waagschale gelegt.

Um herauszufinden welche Energien Sie in sich tragen, sollten Sie Ihre Vergangenheit etwas analysieren. Die Kindheit ist ein sehr wichtiger Aspekt in jedem Menschenleben. Unsere Seele bringt Einiges an Erfahrung mit, doch das weltliche Denken wird von unseren Eltern geprägt und ganz tief in unser Unterbewusstsein eingeschleust. Fragen Sie sich, was in Ihrer Kindheit war. Können Sie heute von sich behaupten, dass Sie eine gute Kindheit hatten? Wenn nicht, was waren diese besonderen Momente, emotionalen Zustände, die Sie geprägt haben? Können Sie sich an einen Tag erinnern, an dem Sie vor Freude gesprungen sind? Was war das für ein Gefühl?

Die Kurzzeitvergangenheit ist auch wichtig, um herauszufinden, welche Stufe der geistigen, mentalen und intellektuellen Entwicklung Sie bereits erreicht haben. Was ist Ihnen häufig passiert? In welchen Zeitabständen passieren die gleichen Dinge? Welche Menschen begegnen Ihnen? Was wollen Ihnen diese Menschen mitteilen? In dieser spannenden Zeit müssen wir uns eingestehen, dass jeder Mensch, der in unser Leben tritt, nur eine einzige Botschaft hat: uns zu zeigen, welche Einstellungen und Programme wir in uns tragen. Begegnen Sie mehr positiven und fröhlichen Menschen, dann sind Sie auch jemand, der die gleichen Eigenschaften in sich trägt. Begegnen Sie eher negativen, unzufriedenen, jammernden Menschen, dann tragen Sie diese Energien in sich. Wie sehen die drei Standbeine Ihres Lebens wie der Beruf, Finanzen und Familie heute aus? Seien Sie ehrlich zu sich selbst. Nur so können Sie herausfinden, was es zu verbessern gilt, um dieser Neuen Zeit zu entsprechen. Dadurch, dass auch die ganzen Naturgesetze wie Resonanz, Reflektion, Rhythmus und Magnetismus sich verändern, sollten auch Sie sich mit Ihrer persönlichen Umgebung beschäftigen. Verändern Sie sich selbst, um Ihr privates Umfeld zu verändern. Das Beste daran ist, dass Sie sich überhaupt nicht schämen müssen, weil Sie sich nur selbst anvertrauen und niemand sonst. Es wird niemand über Sie urteilen oder lästern. Die meisten Menschen sind gerade mit ihrer Routine beschäftigt. Jeder Mensch empfindet zurzeit außergewöhnliche Gefühle und merkt auch die Veränderung des Bewusstseins.

Streben Sie mehr nach Harmonie? Dann sollten Sie selbst harmonischer werden.

Wollen Sie Ruhe? Dann beruhigen Sie Ihre Gedanken und Gefühle.

Wünschen Sie sich mehr Liebe in Ihrem Leben? Analysieren Sie sich – lieben Sie sich selbst überhaupt?

Suchen Sie Ihre Ganzheitlichkeit in allen Aspekten Ihres Lebens.

Momentan sehen wir alle, dass eine Spaltung zwischen den Menschen entsteht. Es gibt Menschen, sie scheinen überglücklich und stabil zu sein und dann gibt es Menschen, die von Depressionen und sonstigen psychischen Erkrankungen geplagt sind. Dann gibt es Menschen, die auf der kulturellen und ethischen Ebene hochentwickelt sind und dann gibt es Menschen, die mit ihrem Verhalten eher an ein Tier erinnern. Das alles ist nur ein Zeichen der unterschiedlichen Entwicklungsstadien in unserer Gesellschaft. Doch warum kommen diese Unterschiede zu Stande? Wir sollten verstehen, dass diejenigen, die hochentwickelt sind, eine Verantwortung für die Entwicklung der anderen mittragen. Es bringt nichts sich darüber aufzuregen und die Menschen mit einem niedrigen sozialen Status oder einem schwachen Charakter zu verurteilen. Verändern kann man einen Menschen nicht, man darf gerne eine Hilfestellung anbieten, aber es ist fraglich, ob die Hilfe angenommen wird. Denn die Annahme der Hilfe liegt immer bei einer

Person selbst und man kann bekanntlich niemanden zu seinem Glück zwingen. Diesen Menschen kann man nur helfen, wenn sie selbst danach fragen. Fragen Sie sich lieber selbst, was haben Sie getan oder nicht getan, um speziell diesem Menschen oder der Gesellschaft ein Vorbild zu sein? Waren Sie selbst ein gutes Vorbild für Ihre Kinder und Ihre Mitmenschen?

Die höher entwickelten Menschen wissen aber, dass es bei Weitem nicht alle betrifft. Es gibt Schicksalsschläge, die viele Menschen erstmal an die ganz untersten Stufen der Entwicklung zurückschmeißen und hier ist die Aufgabe der Weiseren diesen Menschen aus dem Schlamassel herauszuhelfen. Wichtig ist zu wissen, dass Helfen oft mit einem moralischen Reichtum zu tun hat und nicht unbedingt mit finanziellen Mitteln. Wenn Sie eine wichtige Person in Ihrem Leben verloren haben, würden Sie sich in dieser Situation lieber 100 Euro wünschen oder eher jemanden, der Ihnen zur Seite steht und Sie tröstet und stärkt? Die Situationen im Leben sind viel zu unterschiedlich und zu entscheiden, wie einem Menschen geholfen werden kann, kann unsere innere Stimme helfen. Diese leise und sanfte Stimme wird uns immer an das Ziel bringen, die ein positives, freudiges und liebevolles Resultat nach sich zieht.

Und schon sind wir beim nächsten Merkmal der Ära Wassermann: die Vernunft. Unsere Vernunft wacht jetzt auf. Wir waren eine sehr lange Zeit von unserem Verstand geprägt. Unser Verstand versteht den Unterschied zwischen gut und schlecht, zwischen Tun oder nicht Tun. Doch die Folgen waren sehr lange verborgen und erst später hat man erkannt, dass man falsch gedacht und gehandelt hat. Die Vernunft ist erst später aufgewacht und uns aufgezeigt, dass man in seinen Handlungen falsch lag. Doch nun wird sie wach und wir versuchen den tieferen Grund, den wesentlichen Kern in unseren Programmen zu erkennen. Die Vernunft ist ein Werkzeug in uns, das aufzeigt, dass ein Gedanke uns vielleicht guttut, aber wir mit diesem Gedanken, etwas zerstören können, sobald wir handeln. Oder auch umgekehrt, zeigt sie uns, dass wir einen schwierigen Weg gehen müssen, um später etwas Gutes zu erfahren. In einfachen Worten gesagt, ein Kind weiß, dass ein Medikament nicht schmeckt, aber es muss es einnehmen, um sich besser zu fühlen. Sprich, der Verstand kennt eine Ebene zwischen Gut und Böse und die Vernunft weiß, dass es etwas Tiefgründiges gibt und wir aufhören sollten, uns Illusionen auszumalen. Die Vernunft gibt uns die Chance zu überlegen. Sie regt zum Nachdenken an. Es ist wie ein kleines Stoppschild, das wie eine innere Stimme zu uns spricht und uns rät von einer bestimmten Handlung abzusehen.

Dieses Gefühl ist bei Frauen ausgeprägter. Meistens sprechen wir von einem bestimmten Gefühl, das wir nicht erklären können. Diese Intensität der Intuition, die in uns nach und nach wach wird, wird mit der Zeit unser Bewusstsein verändern. Wenn das Bewusstsein anders wird, wird der gewöhnliche Weg der Handlung verändert. Ein anderes Bewusstsein denkt anders, fühlt anders, handelt anders und wird zum anderen Charakter.

Zurzeit kommen reine und hoch vibrierende Energieströme auf die Erde, um die Erde und die Menschheit von groben und schweren Energien zu befreien. Wir fühlen diese außerordentliche Reinigung auf drei Ebenen:

1. Körperliche Ebene zeigt sich in Muskelspannen, Kopfschmerzen, Reizdarm, Übelkeit etc.
2. Mentale Ebene zeigt sich durch Verwirrung, Benommenheit, Müdigkeit, Schlafstörungen, ungeordnete Gedankengänge.
3. Emotionale Ebene zeigt sich durch Traurigkeit, Unzufriedenheit, Unruhe, Melancholie, Depression, Launisch sein.

Die reinen kosmischen Energien werden uns gesandt, um uns zu reinigen mit dem Ziel eine neue Menschheit auf der neuen Erde zu schaffen. Viele verfallen der Angst und lassen sich von ihren negativen Emotionen und Gedanken leiten, auch wenn sie verstehen, dass es noch schlimmere Zustände nach sich ziehen wird. Sie können Ihre Panikattacken nicht kontrollieren und so werden Sie von der Panik kontrolliert. Hier gilt es Entspannung reinzubringen. Wenn Sie sich in so einer Situation nicht sicher sind, was zu tun ist, dann werden Sie einfach still und ziehen Sie sich zurück, um in sich zu gehen. Überprüfen Sie was genau hat die Panik ausgelöst und stellen Sie sich die Frage, woher die Panik stammt und was ist ihr vorausgegangen. In solchen Momenten ist jede Handlung falsch. Nur Rückzug und Ruhe können Klarheit schaffen.

Nun die Ära Wassermann hat uns bis heute viele unerwartete Dinge beschert. Wir begegnen immer wieder Situationen in unseren Leben, die neu für uns sind. Sei es die Pandemie oder Krawalle, all das hat uns gezeigt, dass wir doch nicht so ideal sind. Dank der neuen Energien auf dem Planeten Erde werden wir alle anders. Die freundlichen werden freundlicher, die fröhlichen fröhlicher und die liebevollen noch liebevoller. Wir allesamt werden vom energetischen Wesen her reiner und leichter. Die einzige Aufgabe, die wir hier erledigen müssen, ist offen der neuen Veränderung gegenüber zu sein, zu vertrauen, an uns selbst zu arbeiten und ein Teil des neuen Planeten Erde zu werden.

3. Stark und Rein will ich sein

Ich habe selbst eine sehr lange Zeit nicht gewusst, was es bedeutet Frau zu sein. Das Leben prägt oft unsere Einstellungen und unseren Weg. Wir spielen immer irgendwelche Rollen. Wir sind Kolleginnen, Freundinnen, Ehefrauen, Lebenspartnerin, Mütter, Töchter usw. Wir nehmen Eigenschaften an, die eher zu einem Mann passen und übernehmen oft die Verantwortung auch für den eigenen Ehemann oder Lebenspartner. Und dann leiden wir selbst, weil sich dieser Mann an unserer Seite, schwach und verantwortungslos zu sein scheint. Wenn wir aber zugeben, dass wir in der alltäglichen Routine dem Mann seine Verantwortung entziehen, weil wir oft denken, dass es schneller geht, wenn wir es selbst erledigen. Im ersten Stadium der Beziehung sind wir selbstlos und wollen alles für den anderen tun. Wir übernehmen Aufgaben, die wir normalerweise den Aufgaben eines Mannes zuschreiben. Wir wollen ihn doch beeindrucken, nicht wahr? Doch am Ende ist dieser Andere nicht mehr glücklich, weil er seine persönlichen Ziele und Aufgaben nicht mehr sieht. Er wird bequem, die Bequemlichkeit wird zur Gewohnheit und die Gewohnheit zum Charakter. Doch im tiefsten Inneren weiß er, dass man unterwürfig geworden ist oder sogar zur nichtsnutzigen Gestalt. Oft fühlt sich der Mann als

Opfer der Umstände und das ist ein Gefühl, das ein Mann niemals haben möchte. Niemand von uns will ein Opfer sein und so versucht er sein „Ich" doch noch zu retten, indem er ganz außergewöhnlich reagiert. Und eine außergewöhnliche Reaktion führt oft zur Aggression oder Beziehungsende. Irgendwie muss man ja sein „Ich" verteidigen. Deshalb ist es wichtig am Anfang der Beziehung nichts dem Zufall zu überlassen und ein guter Beobachter sein, auch wenn die Gefühle in Ihnen vor Glück explodieren.

Jedenfalls ist es eine lange Reaktionskette, bis es zu einem richtigen Streit zwischen den beiden Partnern kommt. Um diese Kette zu lösen, muss jeder für sich selbst sein Aufgabenspektrum erkennen und die Verantwortung dafür übernehmen. Falls die beiden Partner nicht in der Lage sind ihr Aufgabengebiet zu sehen, muss es gemeinsam zu Papier gebracht werden. Wir müssen unseren Männern die Möglichkeiten geben sich aktiv am gemeinsamen Leben zu beteiligen. Wenn wir den anfänglichen Ansporn nach einem schönen gemeinsamen Leben durch unseren taffen Lebensstill zerstören, dann sind wir eben selbst schuld.

Doch was sind eigentlich die Aufgaben einer Frau? Wir sollten wissen, dass energetisch gesehen, die Frau mit einer 100%-igen Akkuladung schon auf die

Erde kommt. Der Mann kommt mit einer Nullladung und muss sich immer die Energien von der Frau holen, um sich stärker zu fühlen. Das bedeutet für uns Frauen, dass wir im Laufe des Lebens unsere persönliche Energie immer mit den Männern teilen. Das ist auch der Grund, warum die Frauen auf der körperlichen Ebene eher altern als Männer. Sie fragen sich sicherlich, woher soll man sich die Energie wieder herholen? Das ist eine sehr gute Frage. Dazu sollten wir wissen, dass die Frau selbst zum Element Erde gehört. Nicht umsonst sagt man zur Erde, unsere Mutter-Erde. Die Mutter-Natur ist unsere Ladestation. Die Frauen müssen der Natur und der Erde nah sein, um mehr Energie in ihr Leben zu ziehen. Gehen Sie im Wald spazieren, umarmen Sie Bäume oder liegen Sie einfach mal im Gras einige Minuten. Das wird Ihre Akkus aufladen. Eigentlich können wir sehr viel von der Natur lernen.

Ein wichtiger Bestandteil der Natur und der Erde ist, eine Geberin zu sein. Schauen Sie doch um sich, was uns die Erde alles gibt. Die Lebensmittel, die schönen Landschaften, die unser Auge erfreuen, die frische Luft zum Atmen und eben aus der Natur werden wir stark. Und genau diese Eigenschaft der Geberin lebt auch in uns Frauen. Wir geben das ganze Leben lang Energien ab und nicht nur Energien. Wir kümmern uns um unsere Familien, um unsere Eltern und sind besorgt um die Kinder. Die Gedanken, die wir an unsere Liebsten täglich haben, unsere täglichen Taten und unsere Pläne sind meistens dem gemeinsamen Wohl gewidmet.

Was unsere Mutter Erde noch kann, ist das Annehmen. Die Menschheit lädt sehr viel Müll ab und auch sehr viele negative Energien. Doch die Natur kann über Jahrtausende hinweg alles Mögliche einfach wegstecken oder eben umwandeln. Wenn der Nährboden für die Kartoffel nicht mehr gut genug ist, dann kann der Mais gepflanzt werden.

Die Annahme und die Verarbeitung von weniger positiven Energien ist auch eine Stärke der Frau. Durch das Annehmen von negativen Energien verlieren wir automatisch unsere positive Lebenskraft, aber nur, wenn wir darüber grübeln. Das Annehmen und das Akzeptieren von Situationen und Begebenheiten zählt zu einer der größten Stärke der Frau. Nur leider verlieren wir uns in unseren Gedanken, die uns letztendlich in eine Sackgasse führen. Dadurch, dass die Welt momentan sehr auf das Intellektuelle und den Verstand ausgerichtet ist und dadurch, dass wir Frauen im Job durchstarten wollen, mussten wir in der Vergangenheit lernen kopflastig zu leben. Doch das entspricht leider nicht der wirklichen Natur der Frau. Wir müssen wieder

lernen, unsere Gefühle und Emotionen anzunehmen, kurz zu beobachten und loszulassen, ohne einen Gedanken daran zu verlieren. Das muss zu einem natürlichen Prozess in uns werden. Erst dann wird unsere Intuition wieder aktiv. Dazu gibt es viele Praktiken und so kann man seine natürliche Energie zurückholen.

Zunächst sollte man wissen, dass das überaus aktive Sexualleben und noch dazu mit wechselnden Sexualpartnern uns sehr viel Lebensenergie raubt. Schließlich produziert der menschliche Körper jedes Mal enorm viel Lebensenergie, um ein Leben zu zeugen. Diese Energie löst sich dann einfach in Luft auf, anstatt in uns zu bleiben und ein neues Leben zu erschaffen. Wir sollten nicht so oberflächlich damit umgehen. Sicherlich ist ein Geschlechtsakt ein sehr beflügeltes Gefühl, doch in erster Linie ist es da, um die Evolution auf der Erde voranzutreiben und nicht um Spaß zu haben. Es ist nicht einfach in unserer heutigen Welt der offenen Sexualität gesund mit der Sexualität umzugehen. Es schreit ja alles nach Sex, Verhüttung und sexy Aussehen. Was tun? Darüber lachen und sich den Sexualakt nicht zum Hauptthema des Lebens machen. Lassen Sie sich dadurch nicht von den wirklich wichtigen Themen des Lebens ablenken. Sex ist wichtig, aber nicht das Wichtigste.

Eine Frau altert auch schneller, wenn sie ihre Gedanken beim Einschlafen nicht unter Kontrolle bekommt. Fast jeder Frau geht es so, dass sie den ganzen Tag beschäftigt war und ihre Gedanken kaum beachtet hat und genau diese überkommen sie kurz vor dem Einschlafen. Das sollte man unbedingt ändern, denn es führt zu einer schlechten Schlafqualität, der Regenerationsprozess in uns findet nur halbwegs statt. Im Allgemeinen sollte eine Frau um die acht Stunden schlafen, um einen vollständigen Regenerationsprozess stattfinden zu lassen. Glauben Sie nicht den Menschen, die behaupten, dass vier oder fünf Stunden Schlaf ausreichen. Der Regenerationsprozess beginnt schon ab 21 Uhr mit dem Nervensystem und dauert allein vier Stunden, um unsere Nerven wieder zu stabilisieren. Falls es Ihnen möglich ist, versuchen Sie in dieser Zeit nichts Hochemotionales zu lesen oder anzuschauen. Die Emotionen werden ganz gewiss die Einschlafphase ruinieren.

Nun es gibt drei Dinge, die zu beachten sind, wenn Sie einen besseren Schlaf haben möchten:

1. Totale Entspannung! Atmen Sie sich in den Schlaf. Mit jedem Atemzug wird Ihr Körper entspannter und jeder Muskel wird weich. Gehen Sie mit Ihrem Atem jeden Muskel

durch und fühlen Sie wie die Spannungen von den Muskeln weichen.

2. Komplettes Abschalten der Gedanken! Hören Sie der Stille zu. Aktives Zuhören der Stille hört sich im ersten Moment komisch an, aber seien Sie mutig und probieren Sie diese Technik aus. Auch die Stille hat ihre eigene Melodie und diese werden Sie mit der Zeit auch hören. Sicherlich werden Sie durch Ihre Gedanken rausgerissen, aber finden Sie die Kraft der Stille wieder zuzuhören. Konzentrieren Sie sich dann auf Ihr inneres ICH und tauchen Sie in den Schlaf.

3. Emotionen beruhigen! Ich bin im HIER und JETZT. Die Vergangenheit können Sie nicht mehr ändern, es ist vorbei, also warum jedes Mal daran denken, wie und was man doch besser gemacht hätte. Natürlich muss man für sich selbst entscheiden, was beim nächsten Mal zu beachten ist, aber Sie sollten sich nicht mehr drüber ärgern. Und die Zukunft? Sie bleibt Zukunft und nun mal ungewiss. Also warum sich vor Schlafengehen so viele Gedanken und Gefühle dazu machen. Versuchen Sie im Hier und Jetzt zu sein, wo nichts passiert. Wo nur die Stille herrscht und Ihr inneres ICH.

Zurück zur Energiegewinnung: überlegen Sie am besten selbst, was genau gibt Ihnen die Energie und die Lust weiterzumachen. Ist es ein Hobby? Meditation oder Rückzug? Finden Sie Ihren persönlichen und eigenen Weg Ihre natürliche Energie zurückzuholen. Wichtig dabei ist dieses unbeschreibliche Gefühl. Ein Gefühl der Ganzheit auf die Dauer, die Glückseligkeit, Zufriedenheit und Freude.

Es gibt auch physische Techniken, die leider nur kurz wirken. Falls Sie sich mal antrieblos fühlen, dann massieren Sie Ihre Ohren oder Ihre Füße, um die Energien wieder in Fluss zu bringen. Die Ohren stellen unseren ganzen Körper dar und die Füße beherbergen sehr viele Reflexzonen, die die Energie aus der Erde in den Körper bringen. Wissen Sie, warum die Frauen früher lange Röcke oder Kleider getragen haben und ihren Kopf mit einem Tuch bedeckten? Sie waren überzeugt, dass die Energie von der Erde unter dem Rock bleibt und damit sie nicht durch den Kopf austritt, haben sie ein Kopftuch umgebunden. So hielten sie ihren Energiehaushalt in Ordnung und gaben diese Energie an ihre Männer weiter. Es heißt auch, dass offenes Haar viel Energie aus dem Körper verstreut. Darum hat man sich die

Haare zusammengebunden oder hochgesteckt. Achten Sie deshalb auf Ihren Kleidungsstill. Wenn Sie wirklich auf eine lange Zeit energetisch bleiben wollen, dann legen sie Ihren Körper so wenig offen, wie es nur geht. Vergessen Sie nicht, dass auch fremde Blicke energieraubend sein können. Entscheiden Sie sich selbst, ob sie ihrer weiblichen Natur nachgehen möchten und ihre Energie für ihren Partner und Kinder aufbrauchen oder ob sie weiterhin dem Beliebtheitsgrad in der Gesellschaft nachjagen möchten, der sehr schnell verfliegt, wenn man ein einziges Mal nicht aufpasst.

Übrigens reflektiert unser Leben das kollektive Denken auf Erden. Unsere Nachrichten zeigen keine positiven Geschehnisse, meistens geht es um angsteinjagende Themen. Auch wenn es jeden einzelnen von uns nicht direkt betrifft, tragen wir zum Weltgeschehen durch unsere Gedanken und Emotionen bei und erschaffen so noch mehr negativer Energien. Schauen Sie doch um sich: wir haben mehr Apotheken wie Lebensmittelgeschäfte! Und das ist so, weil die Nachfrage nach Medikamenten höher ist als die Nachfrage nach Nahrung. Das ist eigentlich ein Hilferuf der kompletten Menschheit. Sind wir nun alle krank? Was stimmt nicht? Jede Krankheit hat ihren Anfang in einer kleinen Neurose, die der Betroffene eher verdrängt hat als verarbeitet. Die Ergebnisse von dieser psychischen Störung sind unterschiedlich. Es hängt davon ab, was genau passiert ist und wie der Betroffene damit umgeht. Wir sollten wissen, dass jeder von uns eine Neurose hat oder hatte und es bringt nichts andere für Ihr Verhalten zu verurteilen. Stellen Sie sich nur vor, wenn jeder bei sich anfangen würde und seine psychischen Probleme beseitigen würde, weil man eben die Verantwortung für sich selbst und das eigene Existieren trägt, dann würden wir nicht so viele Apotheken brauchen und hätten eine gesündere Gesellschaft, die erstmal vernünftig nachdenkt, bevor sie handelt. Wenn nur jeder einzelne von uns anfangen würde, diesen Illusionen in unseren Köpfen nicht mehr nachzugehen und versuchen würde die natürliche Wahrheit zu finden, in dem wir das, was in uns geschieht, hinterfragen und analysieren, können wir es schaffen, das Negative auf unserer Erde zu beseitigen, ohne dafür kämpfen zu müssen. Sicherlich fragen Sie sich wie man das in dieser schnelllebigen Welt anstellen kann. Schließlich gehen wir alle arbeiten, haben Familien und den liebsten Haushalt. Ich kann nur eines sagen, wenn der Wunsch groß ist, etwas umzusetzen, was Ihrem persönlichen Wachstum hilft, werden sich auch neue Wege und Möglichkeiten aufmachen und die Zeitwahrnehmung wird sich in uns entsprechend anpassen. Sie sollten wissen, dass sich die Zeit Ihnen

anpasst und nicht andersherum. Wenn Sie selbst immer sagen, dass Sie keine Zeit haben, dann wird es auch so sein. Sagen Sie sich selbst, dass genügend Zeit für Optimierungen Ihres Selbst da ist und Sie werden sehen, es kommt so, wie Sie sich es denken.

In der Ära Wassermann ist es sehr wichtig rein zu sein und zu bleiben. Die Reinheit bezieht sich hier auf das Innere und das Äußere. Die innere Reinheit wird von ihren Gedanken und Gefühlen geprägt. Je reiner und leichter Ihre Gedanken und Gefühle sind, desto reiner werden Sie handeln und leben. Achten Sie auf die Ordnung und Sauberkeit an Ihrem Erscheinen und in Ihrem Haus. Entledigen Sie sich von alten Sachen und entfernen Sie den alten Staub aus allen Ecken Ihres Hauses. Da wo etwas einstaubt, kann die Energie nicht frei fließen und wo altes Zeug herum liegt auch. Heute wissen wir, dass es oft einfach gut tut sich von Unbrauchbarem zu trennen. Und das passiert, weil die alten Sachen nicht mehr benutzt werden und erhalten keine Energie mehr von Ihnen. Alles was nicht benutzt wird, sorgt für einen Energiestopp. Auch kaputte Dinge lassen die Energie nicht mehr natürlich fließen. Die Fenster sollten immer frei von Dreck und Staub sein. Fenster und Türen stellen nämlich den Zugang der Energie in Ihr Haus dar und falls diese dreckig sind, wird die Energie von außen nicht ungehindert in Ihr Haus fließen können. Ihr Zuhause zeigt immer wer Sie selbst sind. Wie sind Ihre Zimmer eingerichtet? Streng oder verspielt? Wer wollen Sie sein? Schaffen Sie die entsprechende Atmosphäre in Ihrem Haus und diese Atmosphäre wird auf Sie einwirken und Sie verändern. Viele würden wahrscheinlich sagen, dass Ordnung das halbe Leben ist. Aber was bedeutet dieses Sprichwort eigentlich? Man kann das so sehen, dass man das halbe Leben damit verbringt, Ordnung zu schaffen. Doch auf der anderen Seite macht Ordnung das Leben einfacher und organisierter und so erschafft es ein leichtes Leben ohne Suchen und sich ärgern.

Selbstverständlich gehört auch die Körperhygiene zu dieser Zeit. Wenn wir zurückblicken, werden wir sofort erkennen, dass vor mehreren hundert Jahren, die Menschen aufgrund von verunreinigten Wirkstoffen krank wurden. Dreckiges Wasser, schlechte Lebensbedingungen führten zu Todeskrankheiten und heute haben wir mehr Hygiene in unserem Leben und dieser verdanken wir auch das längere Leben auf der Erde. Sicherlich kann man sich die Frage stellen, ob das längere Leben etwas künstlich Erzeugtes ist. Denn jeder von uns versteht, dass unser Körper auf der natürlichen Art und Weise doch meistens gegen 50 oder 60 Jahren auf Medikamente angewiesen ist. Und da können wir

nicht unbedingt von einer Lebensverlängerung sprechen. Das „gute" Leben wird nur durch die medikamentösen Behandlungen aufrechterhalten. Ob das aber ein ganzheitliches Leben ist oder nicht, soll jeder für sich selbst entscheiden.

In der NEUEN Ära ist es auch wichtig zu erkennen, dass die eigene Vibration sogar Viren und Bakterien fernhalten kann. Viren und Bakterien haben einen ziemlich niedrigen Vibrationsgrad. Das würde ja bedeuten, je höher Sie selbst schwingen, umso ferner sind Sie von den Krankheitserregern. Seine eigene Vibration kann man nur durch reine, freundliche und wohlgemeinten Gedankenmuster und Gefühle aufrechterhalten.

Um weiterhin ein vollkommenes Leben zu führen, sollte man allerdings in allem Maß halten. Das richtige Maß und die Regelmäßigkeit aller Dinge sind das A und O für ein harmonisches Dasein. Das richtige Maß wird von unserer Vernunft zitiert. Egal was Sie machen, gibt es immer diese eine innere Stimme, die uns leitet. Sie sagt uns, wann man aufhören sollte und wann nicht. Hören Sie in sich hinein bei allen Dingen, die Sie tun und Sie werden immer wissen, wann es reicht.

Die Regelmäßigkeit einer Handlung verstärkt sie immer wieder und produziert eine größere Energie.

Wenn Sie jeden Tag über eine längere Zeit ca. 1 Stunde Sport treiben, wird Ihr Körper dadurch stärker und kraftvoller. Und auch wenn Sie für einen Monat mal nichts tun und dann wieder mit Sport anfangen, werden Sie merken, dass der Körper sich schnell regeneriert und schnell wieder fit wird. Das hängt mit seiner Erinnerungskraft zusammen. Unser Körper ist in der Lage viele Informationen zu speichern. Jede Zelle in uns hat ihren besonderen und ihr zugewiesenen Archiv, und genau auf den greift sie jedes Mal zurück, um Ihnen ein energiegeladenes Leben zu schenken. Natürlich muss in dieses Archiv etwas reingelegt werden, um sich dann daraus zu bedienen. Legen Sie in Ihrem Körper nur gute Erinnerungen ab und Sie werden merken, dass er Ihnen dafür ganz herzlich danken wird.

4. Die Körperwelt ist schön und smart – Selbstannahme ist hier die Macht!

Unser Körper ist unser größtes Werkzeug. Er gibt uns die Möglichkeit sich zu bewegen, etwas zu erschaffen und zu handeln. Unser Körper ist unser Instrument, um in dieser Welt sein zu können. Wir bestehen aber nicht nur aus unserem physischen Körper. Dadurch, dass unser Körper immer arbeitet, produziert er Energien. Er ist ein Energiegenerator. Ein Generator sollte natürlich nur den besten Kraftstoff bekommen, um lange aktiv zu bleiben. Aber dazu später.

Ein Mensch besteht nicht nur aus dem physischen Körper, sondern auch aus höher frequentierten Körpern. Den physischen Körper umgibt der Astralkörper. Der Astralkörper ist eine sichtbare Energie, die jeder von uns sehen kann. Wenn Sie sich genauer die Umrandung Ihres Körpers anschauen, werden Sie sehen, dass sie eine blaue Farbe trägt. Den Astralkörper nennt man auch den Gesundheitskörper. Wenn unser Körper intakt ist, bleibt die Umrandung klar und unbeschädigt. Es gibt Menschen, die diese Umrandung sehr gut erkennen und wahrnehmen und so können sie Ihnen sagen, was Ihnen fehlt oder wo es schmerzt. Dann gibt es noch den emotionalen Körper, der sich aus unserem Gefühlsleben formt. Wenn das Gefühlsleben gesund ist, ist auch dieser Körper gesund. Gesunde Emotionen ist das Resultat eines gesunden Bewusstseins. Also gibt es noch den mentalen Körper. Der mentale Körper entsteht aus unseren Denkstrukturen und entspricht vollkommen unseren Gedanken. Und dann gibt es noch den geistigen Körper, der uns mit unserem höheren Selbst verbindet. Wir selbst können unseren natürlichen geistigen Körper nicht beeinflussen. Er birgt all die Instrumente in sich, was wir von oben mit auf den Lebensweg bekommen. Was wir machen können ist unsere anderen Körper zu beeinflussen, um unserem Geist näher zu sein und unserem Selbst zu folgen.

Der mentale Körper ist ein wichtiger Bestandteil unseres Selbst. Unsere Einstellungen, Meinungen, Gedanken formen sich zu einer Art Programm, das sich immer wieder in uns abspielt. Wir reagieren auf bestimmte Situationen immer gleich und hinterher merken wir doch, dass man auch anders reagieren könnte. Wenn Gedanken zu einer bestimmten Situation in uns explodieren, dann folgen ganz schnell die darauf abgestimmten Gefühle und schon reagieren wir entsprechend. Es ist eine Kunst seine Gedanken so flexibel zu halten, dass man sich nicht immer auf die gleiche Art und Weise verhält. Es gibt Menschen, sie sind wie Chamäleons. Wenn man so einen Menschen immer wieder in die ähnliche

Situation bringt, kann er viele verschiedene Reaktionsverhalten aufweisen. Das hängt nur damit zusammen, dass dieser Mensch seine Gedanken kontrollieren und die für ihn passende Reaktion generieren kann. Dieser Mensch ist frei in seinen Entscheidungen, weil er weiß, dass er immer eine oder mehrere Wahlmöglichkeiten hat. Er weiß auch, dass jedem Gedanken eine Emotion folgt und so kann er sich schon vorher entscheiden, welche Emotionen er fühlen möchte.

Man sollte wissen, welch große Einwirkungen unsere Gedanken und Emotionen auf unseren physischen Körper haben. Denkt man oft an negative Situationen, hört man oft davon, dann wirkt sich das selbstverständlich negativ auf unseren physischen Körper aus. Es gibt eine Theorie der Entstehung einer Krankheit, die besagt, dass unsere Gedanken der weniger positiven Art negative Gefühle in uns hervorrufen. Dieses Gemisch formt eine negative Energiewolke um uns herum, schließlich produzieren wir ja Energie. Je länger wir uns bei diesen Gedanken und Gefühlen aufhalten, umso mehr negativer Energie produzieren wir. Wir senden quasi diese Energie zunächst in unsere Aura und dann in das Universum. Da aber jegliche Energien immer zu ihrer Quelle zurückkommen, sollten wir damit rechnen, dass unsere negative Energiewolke eines Tages zu uns zurückkommt. Sie schwirrt zwar irgendwo im Universum herum, aber nur um ähnliche Energien aufzusammeln, um sich später manifestieren zu können. Nehmen wir mal an, dass die von uns produzierte Energiewolke zu uns zurückgekehrt ist. Dann geht sie über unser Nervensystem in uns hinein. Sobald dies geschehen ist, fühlen wir uns unsicher, unzufrieden und gereizt. Danach geht sie weiter in die Meridiane. An diesem Punkt fühlt der Patient irgendwelches Unwohlsein, doch die Ärzte finden vorerst nichts. Das nennt man auch Phantomschmerz. Nach einer gewissen Zeit geht diese Energie weiter über unsere metallhaltigen Stoffe im Körper in unsere Blutbahnen und wird durch den ganzen Körper getragen. Sobald etwas Zerstörerisches in unserem Blut angekommen ist, kann man durch die Blutabnahme schon mehr zum Krankheitsstadium erfahren. Und was dann passiert, wissen wir noch aus dem Biologieunterricht, dass das Blut die Zelle verändert und die Zelle ihre Nachbarzellen etc. Somit ist es ganz wichtig, zu verstehen, dass unsere Gedanken und Gefühle ein schönes und gesundes Leben bescheren können oder auch nicht. Das ist der Grund, warum viele Psychologen den Patienten empfehlen an schöne Dinge des Lebens zu denken, sie zu empfinden oder vorzustellen. Genau aus diesem Grund sollte man auch positiv denken.

Falls Sie selbst merken, dass Sie oft an negative Dinge denken, dann empfehle ich Ihnen zunächst mal für 40 Tage auf das Fernsehen, Radiohören, Zeitungslesen zu verzichten. Versuchen Sie sich nur mit positiven Wörtern verständlich zu machen, zumindest in diesen 40 Tagen. Um Ihren Gedanken einen positiven Gang zu geben, sollten Sie einmal am Tag so richtig schwitzen, sei es durch Sport oder sonstige körperliche Anstrengungen. Das Schwitzen durch Bewegung bringt unser Blut und unsere Lymphe zum Laufen. Diese erhöhte Bewegung in unserem Körper produziert die Serotoninausschüttung, die sich auf uns sehr positiv auswirkt. Serotonin wird auch als Zufriedenheitshormon bezeichnet und wird durch Bewegung sozusagen wachgerüttelt. Falls Sie noch die Möglichkeit haben einer sportlichen Aktivität draußen in der Natur nachzugehen, dann sind Sie ein Glückspilz! Die Natur ist eine Geberin und gibt uns ziemlich viel. In der Natur gibt es keine lauten Töne. Die Vögelchen zwitschern immer nur so laut, wie es für einen Menschen angenehm ist. Die Bäume produzieren Sauerstoff, den Sie beim Laufen vermehrt einatmen. Durch das Laufen werden auch Ihre Fußreflexzonen aktiviert und Sie ziehen sofort die positive Energie aus der Mutter-Erde.

Es ist nicht immer einfach sein Leben umzustellen. Schließlich gibt es diese entspannte Komfortzone, die wir nicht so gern verlassen möchten. Warum denn eigentlich? In der Routine scheint alles einfach und alles bereits bekannt zu sein. Da fühlt man sich sicher und warum etwas verändern oder einer Tätigkeit nachgehen, wo man keine Erfahrung hat? Warum zusätzliche Anstrengungen unternehmen? Das sind alles Programme und Einstellungen in uns, die uns an einem freien Leben hindern. Eigentlich bedarf es nicht den einen Schritt, was viele meinen. Ich bin überzeugt wir brauchen mindestens drei Schritte, bis wir überhaupt handeln können. Im ersten Schritt kommt zunächst der Wunsch, nach z. B. einem schöneren Körper. Wir denken aber, dass es Anstrengung bedarf. Wir verbinden den Sport oder Bewegung automatisch mit Anstrengung. Bewegung ist aber etwas, was jeden Tag passiert, ob wir zur Arbeit laufen oder auf der Arbeit körperlich arbeiten oder zuhause putzen, das alles ist Bewegung. An diese Bewegung sind wir allerdings gewohnt, hier haben wir ja auch keine andere Wahl. Was gemacht werden muss, wird gemacht. Das heißt aber, dass die Anstrengung, mit der wir Sport verbinden, nur eine andere Form von Bewegung ist. Und wir nur nicht bereit sind, eine andere Form zu probieren. Wenn Sie nicht gern joggen, dann schwimmen Sie vielleicht gern oder Sie fahren gern Fahrrad. Welche sportliche

Aktivität wäre für Sie die Beste? Finden Sie das heraus. Und dann schnüren Sie die Laufschuhe oder richten Sie Ihr Fahrrad her.

Also die drei „ersten" Schritte sind wie folgt:

1. Den Wunsch für etwas hegen und das Resultat festlegen
2. Was kann ich tun, um diesem Wunsch näher zu kommen?
3. Handeln, bis das Resultat erreicht ist

Sie sollten sich allerdings auf mindestens 40 Tage einstellen. So lange bedarf es, um Veränderungen am Körper zu sehen. In den ersten 10 Tagen werden Sie erstmal Muskelkater verspüren, die nächsten 10 Tage werden sich die Muskeln an diese Bewegung gewöhnen. Ab dem 21 Tag wird diese Bewegung zu einer Gewohnheit. Dann etabliert sich die Gewohnheit in Ihr Leben und erst dann können Sie sehen, was Sie geschafft haben. Erst nach diesem Prozess können Sie ein Urteil zum Ergebnis fällen. Erwarten Sie keine Wunder. Rom wurde auch nicht in einer Woche erschaffen. Diese Regelung mit 40 Tagen sollten Sie sich generell merken. Auch wenn Sie eine Kur machen oder eine Krankheit heilen. Warten Sie immer die 40 Tage ab, bevor Sie entscheiden können, ob Ihr Programm, das richtige für Sie ist. Die neuen Energien in Ihnen müssen erstmal vom Körper angenommen werden, dann werden sie geformt und in einer neuen Form vom Körper aktiviert. Das alles passiert nicht über Nacht.

Einen wichtigen Faktor spielt auch die Ehrlichkeit zu sich selbst. Fragen Sie sich erstmal, wofür Sie sich verändern wollen. Viele werden erstmal sagen, ja – ich mache es für mich! Aber ist es wirklich so? Viele von uns belügen sich selbst mit dieser Aussage. Es ist oft so, dass man sich von den Kollegen nicht angenommen fühlt oder der Partner zeigt einem die kalte Schulter oder sonstige Situationen machen einen unglücklich. Oder sind es die schönen Menschen auf dem Cover einer Frauenzeitschrift, die den Wunsch in Ihnen wecken genauso zu sein. Eines ist ganz sicher: wenn Sie es wirklich für sich tun, dann werden Sie es auch schaffen. Falls aber andere Gründe Sie dazu verleiten etwas zu verändern und Sie aber meinen, Sie machen es für sich – dann werden Sie viel mehr Energie aufbrauchen, um zum Ziel zu gelangen. Glauben Sie mir, es ist einfach mit sich selbst ehrlich zu sein. Und falls Sie sich wegen Ihrem Partner verändern möchten, finden Sie erstmal heraus, warum Ihr Partner Sie nun anders wahrnimmt als vorher. Klären Sie diesen Konflikt in sich selbst, löschen Sie die alten Programme in sich und fangen Sie erst danach mit den Neuen an. Alles andere führt zu Energieverlust und wird Sie nicht

glücklich machen. Menschen, die eine bewusste innere Haltung eingenommen haben, haben mehr Erfolg in ihrem Tun. Ob Sie eine innere Haltung zu einer bestimmten Situation verändert haben, werden Sie daran erkennen, dass Sie ein anderes Reaktionsverhalten aufweisen oder eine Aktion mit Liebe ausführen ohne Vorfreude auf das Ergebnis. Das Ergebnis ist dann nicht so wichtig. Das ist genau das, was das Sprichwort: *Der Weg ist das Ziel (Konfuzius)* aussagen möchte.

Ein sehr wichtiger Aspekt bei einem Neuanfang ist die Regelmäßigkeit. Falls Sie sich etwas vorgenommen haben, sollten Sie sich an das regelmäßige Handeln gewöhnen. Von einem Mal kommt nichts – nicht umsonst heißt es: ein Mal ist kein Mal. Die Einstellung: ich tue eine Woche nichts und am Wochenende werde ich so viel Sport machen, dass ich am Abend tot umfalle – bringt auch nichts. Wir sind Gewohnheitstiere und müssen uns neue Dinge angewöhnen, damit sie anfangen zu wirken.

Sie sollten auch wissen, dass der Rhythmus eine ganz wichtige Rolle in unseren Leben spielt. Die Natur richtet sich nach einem gewissen Rhythmus und auch unser Körper. Ab fünf Uhr morgens fängt unser Darm wieder an zu arbeiten und weckt somit nach und nach den Körper aus dem Schlaf. Nach dem

Aufstehen sollten Sie nach dem Zähneputzen ein Glas warmen Wasser zu sich nehmen, damit der Darm in seiner Arbeit unterstützt wird. Unser Gehirn braucht Zucker, um seine Arbeit aufzunehmen. Es heißt nicht, dass man einen Esslöffel Zucker essen sollte. Es ist empfehlenswert zum Frühstück doch etwas Süßes zu essen. Am besten ist ein Porridge mit Honig und Nüssen. Zum Mittagessen können Sie essen, was Sie möchten und wie viel Sie möchten. Erst nach 18 Uhr sollte man wieder auf die Nahrungseinnahme achten. Es ist nämlich so, dass sich unser Körper ab 18 Uhr auf die nächtlichen Regenerationsprozesse vorbereitet. Er speichert alles, was man am Abend zu sich nimmt. Deshalb sollte man vor 18 Uhr das Abendessen beendet haben und es ist wichtig darauf zu achten, dass genügend Proteine, Vitamine und Ballaststoffe zugeführt werden.

Vergleichen Sie einfach die Natur und Ihren Körper. Unsere Mutter-Erde besteht aus viel Wasser, Mineralien, Salze und Metalle. Und auch unser Körper benötigt diese Stoffe, um länger gesund zu bleiben. Nun sollten Sie natürlich wissen, dass Wasser nicht gleich Wasser ist. Und alle möglichen Metalle sollten Sie auch nicht essen. Beim Wasser sollte darauf geachtet werden, dass man ein Wasser voller Leben trinkt. Das Leitungswasser kann gar nicht so gut sein, allein wenn man bedenkt, was es

für einen langen Weg über die Wasserrohre (die vielleicht auch schon mal eingerostet sind) hingelegt hat. Denken Sie wirklich, dass dieses Produkt dann gesundheitsfördernd sein könnte? Ganz sicher nicht. Ein Lebenswasser ist ein Wasser, das einer Quelle entspringt und so wenig, wie möglich gewissem Druck ausgesetzt war. Sobald man das Wasser in Flaschen abfüllt, wird ein gewisser Einfluss auf die Wasserstruktur vorgenommen und die Lebensenergie darin geht oftmals verloren. Sie können das Wasser aber mit Leben aufladen. Dafür stehen Ihnen Kristalle und Quarze zur Verfügung. Legen Sie doch einige Bergkristallquarze in Ihre Wasserkaraffe, füllen Sie da immer wieder Wasser hinein und genießen Sie das Trinken voller Lebensenergie.

Auch das Salz ist nicht gleich Salz. Haben Sie sich schon mal gefragt, warum früher das Salz den gleichen Preis hatte, wie Gold? Und heute kostet es fast nichts mehr? Weil das Salz, das wir heute auf den Tisch bekommen, nicht mehr das lebenserhaltende Produkt ist, sondern eher ein Abfallprodukt. Zu diesem Thema empfehle ich Ihnen den Vortrag über das Wasser und Salz von Peter Ferreira anzuschauen. Er ist ein bemerkenswerter Wissenschaftler und in diesem Vortrag erklärt er in einfachen Worten, was das Wasser und das Salz genau bedeutet und welchen Einfluss diese Stoffe auf unser Leben haben.

Nun zurück zum Thema Rhythmus und Regeneration. Ab ca. 21 Uhr beginnt zunächst unser Nervensystem ihren Regenerationsprozess, demnach sollte man etwas Ruhe finden. Führen Sie keine emotionsreichen Gespräche und schauen Sie sich keine Gewaltszenen am Abend an. Diese Bilder und Emotionen werden nämlich in uns gespeichert und rauben Ihnen auch den Schlaf oder zumindest die Qualität des Schlafs. Vergessen Sie nicht, dass die Psyche des Menschen in der Lage ist alles zu merken, auch wenn Sie gewisse Dinge nicht bewusst wahrnehmen, unsere fünf Sinne arbeiten 24 h/ Tag und es wird jedoch alles in unserem Unterbewusstsein gespeichert und wirkt auf uns ein, sobald das Bewusstsein zur Ruhe kommt und das passiert meistens im Schlaf. In der Nacht sollten wir dem Körper das Arbeiten überlassen und uns nicht unseren Gedanken oder Träumen hingeben. Nehmen Sie sich lieber Zeit zum Nachdenken bei einem Spaziergang oder sportlichen Einheit. Denn die Nacht ist nicht für das Nachdenken geschaffen. Die Nacht ist zum Schlafen da und nichts Anderes.

Wie schon erwähnt, sollten Sie darauf achten, welche Stoffe Sie über den Tag verteilt Ihrem Körper zuführen. Falls der Körper nicht genügend Stoffe hat, die er verarbeiten kann, wird er bei der Regeneration die Materie des Körpers angreifen. Ein Beispiel ist, falls der Körper nicht genügend Kalzium hat und aber weiß, er braucht Kalzium für die Regeneration Ihrer Zähne, wird er sich an Ihren Knochen bedienen und dort die Stoffe herausziehen, um seine Arbeit zu vollbringen und das geht natürlich zu Lasten Ihres Knochenbaus. Das könnte man auch „Löcher stopfen" nennen.

Sobald Sie am Morgen aufstehen und merken, dass Sie sich schwach oder wie gegen die Wand geschmettert fühlen, heißt es nichts Anderes als dass sich Ihr Körper nicht vollumfänglich regenerieren konnte aufgrund von fehlenden Stoffen oder schlechter Schlafqualität. Dieses Gefühl sollte in Ihnen ein Alarmsignal auslösen, da der Körper in diesem Moment bereits schreit. Falls Sie nicht einschlafen können, weil Sie von den Gedanken gequält werden, dann empfehle ich Ihnen noch etwas:

1. **Gute-Nacht-Getränk:** eine Tasse warmer Milch mit etwas Honig in der Dunkelheit eingenommen. Die Milch ist reich an

Tryptophan (Aminosäure der Ruhe und Entspannung) und der Honig lenkt die Aminosäure im Blut. Die Dunkelheit wirkt schlaffördernd.

Falls Sie dann noch immer Ihre Gedanken nicht in Griff bekommen, erinnern Sie sich daran, dass es den Tag gibt, der eben neue Möglichkeiten und Gedankenmuster mit sich bringt. Der Tag ist dafür da, um zu denken und handeln oder besser gesagt, der Tag ist das aktive Leben. Verschieben Sie Ihre Gedanken einfach auf den nächsten Tag, befehlen Sie ihnen erst ab sechs Uhr morgens wieder zu Ihnen zurück zu kommen.

Sicherlich wissen Sie schon, dass Ihre Gedanken eine große Macht auf Ihr Leben haben. Doch auch Sie haben eine noch größere Macht auf Ihre Gedanken. Vergessen Sie nicht, dass Sie Befehle erteilen können. Auch Ihr Körper richtet sich nach Ihren Gedankenmustern und Ihren Befehlen. Es sind bereits jegliche Untersuchungen gemacht worden und es ist bereits bewiesen, dass ein Gedanke eine Muskelaktivität auslöst, auch wenn Sie sich noch nicht bewegen, sind Ihre Muskeln schon längst bereit eine Bewegung auszuführen und das alles mit der Kraft einer Vorstellung oder eines Gedankens an eine Bewegung. Demnach stellt sich die Frage, denken Sie

eher an die Krankheiten oder was Ihnen alles passieren kann oder denken Sie an Ihre Gesundheit und erfreuen sich an jeder Bewegung.

Zum Thema Bewegung sollte man auch erwähnen, dass mit der Zeit gewisse Bewegungen von uns nicht ausgeführt werden, weil wir meinen, dass ein erwachsener Mensch, solche Bewegungen nicht machen sollte. Schauen Sie sich ein Kind an. Wie bewegt es sich? Über den Tag verteilt, hat das Kind von auf dem Kopf stehen bis hin zum Spagat alle möglichen Bewegungsarten durchgeführt. Und wir Erwachsene tun das nicht mehr. Als Konsequenz meldet unser Gehirn, dass ein Muskel nicht mehr benutzt wird, also wird dieser nicht mehr gebraucht und so entzieht er diesem Muskel Beachtung. Beachtung ist aber wichtig, um den Körper vital zu halten. Der Körper freut sich jedes Mal, wenn er wahrgenommen wird. Wahrnehmen bedeutet aufmerksam sein und der Körper wird Ihnen auch jedes Mal danken und Ihnen Signale geben, falls etwas nicht in Ordnung sein sollte. Also machen Sie alle möglichen Bewegungen, auch wenn sie blöd aussehen. Lösen Sie Ihren Körper von den ganzen kontrollierten Bewegungen, die wir gezwungener Weise über den Tag verrichten. Schütteln Sie sich, kneifen Sie sich selbst und springen Sie im Kreis. Bewegung ist auch in anderen Aspekten sehr wichtig.

Zum einen bringen Sie Ihre Blutbahnen in Bewegung und zum anderen aktivieren Sie Ihre Glückshormone. Vor allem Serotonin wird beim Bewegen ausgeschüttet. Serotonin ist ein wichtiges Hormon und wirkt auf die Blutbahnen, Darm und Wirbelsäule ein. Das gibt uns ein langanhaltendes Gefühl der Zufriedenheit. Das Gemüt beruhigt sich und plötzlich sehen die Augen all diese Schönheit um uns herum. Sicherlich haben Sie auch von Endorphinen gehört. Das sind auch Glückhormone, die uns allerdings nur kurz glücklich machen. Zum Beispiel man bekommt endlich ein begehrtes Objekt oder man trifft eine liebenswerte Person, die man lang nicht gesehen hat. Sie sind auch mitverantwortlich für Euphorie, die auch Schmerzgefühle lahmlegt.

Haben Sie Spaß an Bewegung jeder Art und versuchen Sie in allem die schönen Seiten des Lebens zu sehen. An dieser Stelle möchte ich eine eigenartige Bewegungsabfolge empfehlen, die Ihrem Körper die notwendige Energie und Flexibilität liefern wird: **ENERGIZE your BODY** heißt die Übungsabfolge. Mehr dazu in der Trickkiste.

Natürlich ist es auch wichtig zu wissen, dass ein kraftvoller Körper seine Energie durch die Ernährung bekommt. Es gibt noch viele anderen Energiequellen, aber der physische Körper wird nun mal durch die

Ernährung gestärkt. Man hört an jeder Ecke, dass so viele Schadstoffe in unserem Essen herrschen und dass Alkohol und Zigaretten einen sehr großen Schaden an unseren Körpern hinterlassen. Nun, es ist wirklich so! Außerdem hat das Essen, dass tausendfach erhitzt und verarbeitet wurde, keine lebendige Energie mehr. Es ist kein Lebensträger mehr. Je frischer ein Produkt ist, umso mehr Sonnenenergie hat es und kann dem Körper auch mehr Energie geben, selbstverständlich. Leider ist es heutzutage nicht einfach an energiegeladene Lebensmittel zu kommen, entweder ist das Besorgen zu umständlich, weil man zum ortsansässigen Bauer rausfahren muss oder sie kosten schlicht zu viel und so greift man immer wieder zu den Lebensmitteln aus dem Supermarkt um die Ecke. Es ist auch nicht weiter schlimm, wir haben auch im Supermarkt eine gute Möglichkeit die richtige Auswahl zu treffen und eben zu den Lebensmitteln zu greifen, die energiegeladen sind. Dazu gehören eben alle Produkte mit einem oder mehreren Kernen – also Obst und Gemüse, Getreide.

Die Meinungen zum Thema Ernährung gehen heute sehr weit auseinander. Die einen behaupten, dass eine eiweißreiche Ernährung gesund ist und die anderen sagen, dass ohne Kohlenhydrate nichts mehr funktioniert. Die einen sagen, tierische Fette sind unabdingbar und die andere prophezeien ein besseres Leben, wenn man nur pflanzliche Fette zu sich nimmt. Zum Thema Vegetarisch, Vegan oder doch Fleischesser gibt es unzählige Diskussionen. Das alles belegt eigentlich nur, dass der Mensch heute nicht genau weiß, was für seinen Körper richtig ist und was nicht. Aus diesem Grund möchte ich noch einmal betonen, dass es wichtig ist auf seinen Körper zu hören. Er wird Ihnen schon sagen, was er benötigt. Aber Achtung! Oft werden wir in Sachen „innere Stimme" in die Irre geführt und unsere Gewohnheiten zitieren uns dann letztendlich den Appetit auf etwas Bestimmtes.

Fakt ist, dass unser Körper zu ca. 60% aus Wasser besteht. Das bedeutet, dass wir in erster Linie viel trinken müssen – 2 bis 3 l am Tag sind angemessen für einen erwachsenen Körper. Trinken bedeutet nicht zuckerhaltige Getränke zu trinken, sondern pures Wasser. In Japan wird heutzutage eine besondere Trinkkultur gelebt. Nach dem Aufwachen trinken die Japaner zunächst 2 Gläser warmen Wasser und erst nach 45 Minuten beginnen sie mit dem Frühstück. Somit gibt man dem Körper die Möglichkeit die durch die Regenerationsprozesse in der Nacht entstandenen Giftstoffe aus dem Magen zu schleußen. Warmes Wasser wird nicht mehr durch den Körper erhitzt und kann sofort über den

Zwölffingerdarm in den Darm weitergeleitet werden. Es soll auch nur reines Wasser hier getrunken werden, da jedes angereicherte Wasser, wie zum Beispiel mit einem Spritzer Zitrone oder sonstigen Zugaben, muss erst verdaut werden. Es ist auch empfehlenswert, einen Glas Wasser vor jeder Mahlzeit zu trinken, um den Magen bereits vor Essenszufuhr anzuregen. Wenn Sie jemand sind, der an Wasserstau leidet – wie z. B. angeschwollenes Gesicht nach dem Aufwachen oder Wasser in den Füßen, möchte ich Ihnen raten, nach 16.00 Uhr keine salzhaltige Nahrung einzunehmen. Salz speichert eben das Wasser im Körper.

Des Weiteren besteht unser Körper aus Proteinen, und zwar zu ca. 17%. Es heißt ja, dass man am Tag ca. 1 g Protein pro kg des eigenen Körpergewichts essen sollte. Doch leider schafft es auch nicht jeder von uns die entsprechende Anzahl von Proteinen einzunehmen und es sind nun mal die Aminos (Proteinbausteine), die unsere Bausteine für den Körper sind. Zudem hat man das Problem, dass z. B. die Walnüsse nicht alle Aminos aufweisen, die der Körper benötigt. Als Konsequenz muss man sehr vielseitig essen, um eben allein die acht essenziellen Aminos zu bekommen. Aber wir wissen ja bereits, wo der Wille ist, ist auch ein Weg und es gibt auch sämtliche Nahrungsergänzungsmitteln, die einen dabei unterstützen gesund zu bleiben. Es gibt dagegen auch nichts einzuwenden. Wir leben in einer Welt, wo Chemie die Regie übernommen hat. Der Nährboden unserer Muttererde ist bereits sehr erschöpft und muss gedüngt werden. Ein ökologisch reines Produkt heute zu finden ist wirklich eine Herausforderung, es sei denn man pflanzt selbst was an und hat einen nährhaften Boden geschaffen.

Nun weiter zum Körperbau: unser erwachsener Körper hat in der Regel um die 10% Fette und muss sie auch weiterhin bekommen. Essenzielle Fette finden sich in der Pflanzenwelt wieder und tun unserem Gehirn sehr gut, der ja weitestgehend aus Fett besteht. Bei tierischen Fetten sollte man aufpassen und diese auf einem Minimum reduzieren, da sie unsere Gefäße verstopfen, weil sie nicht zu 100% verdaut werden können. Nicht jeder Magen kann genügend Pepsine aufweisen, um die Mahlzeiten zu verdauen und das führt leider dazu, dass ein Anteil nicht ausgeschieden werden kann und bleibt irgendwo im Körper zurück. Unser Körper ist ein Meister darin, Mülldeponien zu bilden. Er bringt die Stoffe, die er nicht verarbeiten kann, immer wieder an die gleiche Stelle bis sich dort eine Krankheit entwickelt und für jedes Stoff gibt es bestimmte Speicherorte wie z. B. Säure kommt schön an die Gelenke und Bänder. Fett an die Fettzellen, die

für Zellulitis verantwortlich sind etc. und am ehesten landet der Abfall der Nahrung an einer Körperstelle, die aufgrund von psychischen Einstellungen bereits schwach ist.

Kohlenhydrate sind kaum in unserem Körper vorhanden – ca. 1,5% und werden eigentlich nur benötigt, um Energie für die Zellen herzustellen, damit eben die Verarbeitung durch Eiweiße, Fette und Wasser stattfinden kann. Also darf man eben mit den Kohlenhydraten nicht übertreiben. Wenn zu viel Energie im Körper vorhanden ist und der Körper verbraucht aber nur 40% davon, dann wird der Rest schön in Fett umgewandelt und der Körper bildet Fettzellen, weil er sich naturgemäß nur von den Fettzellen ernähren kann, falls er mal hungern sollte. Sprich, wenn Sie heute in einer friedlichen Umgebung wohnen, dann sollten Sie Ihren Körper nicht mit zu vielen Kohlenhydraten füttern, um schlank und schön zu bleiben. Außerdem speichern Kohlenhydrate auch Wasser und da ist es empfehlenswert abends keine kohlenhydratreiche Nahrung aufzunehmen, dann schlafen Sie besser und haben am Morgen kein angestautes Wasser im Gesicht.

Dann gibt es noch die Mineralstoffe, die lebensnotwendig sind. Zu Mineralstoffen gehören Eisen, Magnesium, Zink, Mobdän, Selen etc. Unser Körper trägt insgesamt um die 5% davon in sich. Die Mineralstoffe liefern keine Energie. Die Aufgabe der Mineralstoffe und der Spurelemente ist der Erhalt unserer Körperfunktionen. Sie unterstützen den Knochenbau (Kalzium), Kreislaufregulation (Natrium), Eiweißsynthese und Aufbau der Muskel- und Sehnenstrukturen (Magnesium), Wachstum und Erneuerung der Zellen (Zink) und so weiter. Nicht zu vergessen auch die Ausscheidung und der Detox, der von den Mineralien unterstützt wird.

Meiner Meinung nach sollten unsere Mahlzeiten genau nach diesem Schema (prozentuell aufgesplittet) strukturiert werden. Man darf alles essen, aber immer in der richtigen Menge.

Wie wir bereits alle wissen, nimmt der Körper ab, wenn man mehr Energie verbraucht als man einnimmt. Diese Praxis ist gang und gäbe, doch leider nicht immer umsetzbar. Die Menschheit leidet oft unter emotionalem Stress und anstatt sich dann Auszupowern, genießt man dann doch ein oder zwei Stück Schokolade. Man kommt auch oft nicht dazu diese Kontrolle über seinen Körper zu behalten – ständiges Kalorienzählen und den Kalorienverbrauch im Auge behalten, Schritte zählen und und und…. Wenn es doch was Einfacheres gäbe  und das gibt es. In erster Linie muss eine Darmsanierung her. Sobald Sie ein besseres Wohlbefinden im Bauch haben, fühlen Sie sich motivierter weiter zu machen. Im Anschluss lohnt es sich eine Stoffwechselkur zu machen. Hier muss man diszipliniert an das Ganze herantreten und eben diese Disziplin wird sich dann auch bezahlt machen, weil Sie bemerkbar Kilos verlieren werden. Wenn Sie sich wirklich dazu entscheiden, diese Kuren zu machen, möchte ich Ihnen empfehlen, dass Sie hier Ihre sportlichen Aktivitäten zurückschrauben. Der Körper verbraucht viel Energie, die er auch benötigt, während er kuriert. Frische Luft, Spaziergänge, evtl. Nordic Walking wären hier tolle Begleiter. Sobald die Kuren abgeschlossen sind, sollten Sie Ihre Mahlzeiten überlegt wählen. Denken Sie immer dran, dass das was Ihrem Körper zugeführt wird, wird auch immer eine Konsequenz haben und das Ergebnis hängt immer von der Qualität der Lebensmittel ab.

Es gibt viele verschiedene Angebote zum Thema Darmsanierung und Stoffwechselkur. Hier sollten Sie nicht einfach wahllos etwas einkaufen und gleich einnehmen. Bitte gehen dieses Thema sehr bewusst an, denn jeder Körper ist anders und was einem gut tut, kann bei dem Anderen negative Folgen auslösen.

Die Auswahl des Produkts muss in Harmonie mit Ihrem gesundheitlichen Zustand sein. Wenn Sie sich nicht sicher sind, dann fragen Sie Ihren Arzt, Heilpraktiker oder lesen Sie aufmerksam den Beipackzettel.

Weitere Diskussionen zum Thema Ernährung liegen im Bereich der Mahlzeitenanzahl pro Tag und die Uhrzeit, wann man essen sollte. Dazu habe ich einen Test gemacht. Ein ganzes Jahr lang habe ich mich mit 3 Hauptmahlzeiten und 2 Zwischenmahlzeiten begnügt. Das Ergebnis davon war „Vorstufe Diabetes". Mein Insulinspiegel war an der Standardgrenze. Insulin ist unser Verdauungshormon und ist an der Verstoffwechslung der Kohlenhydrate beteiligt, die zum Ansteigen des Blutzuckers führen. Die Aufgabe des Insulins ist die Zellen dazu zu aktivieren, Glukose aus dem Blut aufnehmen. Natürlich wird Insulin aktiv, wenn wir auch Eiweiße oder Gemüse essen, doch am stärksten wird es ausgeschüttet, wenn man kohlenhydratreich oder viel Zucker gegessen hat. Doch wie kam es dazu, bei fünf Mahlzeiten am Tag eine Diagnose der Vorstufe Diabetes zu bekommen? Ganz einfach! Je öfter das Insulin aktiv werden muss, umso höher wird sein Grundwert. Der Grundwert verändert sich, weil das Insulin nicht mehr die Möglichkeit hat auf den Zero-Zustand zurückzufallen, weil man ja nach zwei

Stunden wieder isst. In der Regel braucht dieses Hormon eine Rückbildungszeit von ca. 4-5 Stunden und wenn er das nicht bekommt, fällt er nicht in seinen Zero-Zustand zurück. Die Folge davon ist die Überzuckerung der Zelle. Das Insulin bringt jedes Mal, wenn Sie gegessen haben, Zucker in die Zellmembrane. Wenn dieser Prozess zu oft passiert, wird die Zelle eingezuckert, verklebt und kann nichts mehr aufnehmen. So muss das Insulin den Zucker ins Blut zurück transportieren und von dort aus in die Fettzellen. Die ersten Fettzellen, die hier beliefert werden, sind die Viszeralfettzellen, die an den Organen platziert sind und durch das Ansammeln des Fettes an den Organen wird auch unser Bauch größer.

Nun als ich dies erfahren habe, war ich zunächst schockiert und habe dann mit dem zweiten Test begonnen: 2-3 Mahlzeiten am Tag und dazwischen mal ein Teechen und viel Wasser. Ich bin heute noch überwältigt von der Wandlung. Mein Bauchumfang hat sich bereits nach 4 Wochen reduziert, ohne dass ich sportlich was gemacht habe. Zu diesem Thema gibt es ein ausführliches und interessantes Buch von Jason Fung „Diabetes rückgängig machen" mit aufschlussreichen Antworten und Anleitungen für das bessere Essen.

Was man oft beim Essen auch vernachlässigt, ist das langsame Kauen der Speisen und Genießen des Geschmacks. Die Meisten von uns hetzen durch den Tag und essen drei belegte Brötchen am Tag und vergessen dabei das Essen an sich wahrzunehmen. Wie lange ist es bei Ihnen her, dass Ihnen der Speichel im Munde zusammenlief beim Anblick einer leckeren Mahlzeit? Das tut er eigentlich jedes Mal, sobald wir Essen riechen oder sehen, aber wir nehmen das nicht mehr wahr, weil wir mit unseren Gedanken beschäftigt sind oder durch andere Personen abgelenkt. Die meiste Zeit spüren wir ein Energieabfall oder ein Knurren im Bauch und das bedeutet für uns, dass es an der Zeit ist zu essen. Allerdings kann ein Energieabfall auch durch mangelnden Sauerstoffgehalt, niedrigeren Blutdruck oder einen Mangel an Vitalstoffen im Körper zustande kommen. Beim Energieabfall muss man nicht gleich zum Essen greifen. Erst, wenn der Magen knurrt, signalisiert uns der Körper, dass er gefüttert werden möchte.

Es empfiehlt sich drei wichtige Schritte, während man isst zu beachten:

1. In Ruhe essen. Das Essen riechen und anschauen, bevor es in den Mund gelangt.

2. Das Besteck nach jeder Happenzufuhr kurz ablegen und sich auf das Kauen und den Geschmack konzentrieren.

3. Die Speise ist erst bereit in die Speiseröhre zu wandern, wenn Sie keine großen Stückchen mehr im Munde haben.

Viele religiöse Familien beten vor der Mahlzeit und drücken mit dem Gebet ihre Dankbarkeit aus. Das ist ein ganz altes und cleveres Ritual. Die Mahlzeit wird mit der Energie der Dankbarkeit gefüllt und man kann auch weiter gehen und das Essen mit den von Ihnen gewollten Energien aufladen. Sagen Sie Ihrer Speise, was sie für Sie tun soll. Ob heilen, kräftigen, schützen oder Ihre Reserven auffüllen. Alles ist möglich!

Zum Thema was man essen sollte und was nicht, gibt es auch viele Theorien und jede Theorie hat ein Recht auf Existenz. Fleisch ist ein Produkt, das sehr polarisiert. Wir wissen leider nicht, wo das Tier gelebt hat und was hat es gegessen. Hatte es vielleicht irgendwelche Krankheiten und musste weg? Welche Medikamente hat es bekommen, vielleicht sogar Antibiotika? Welchen Verarbeitungsprozess durchläuft das Stück Fleisch, bis es in den Supermarkt kommt? Reinigung ja – aber mit was? Wenn es eingeschweißt wird, entstehen da nicht Gase? Fragen über Fragen.

Rein energetisch gesehen, hat das Fleisch eine männliche Natur. Es ist unter anderem ein Träger der aggressiven Energien wie Mord und Gewalt sowie der Angst und Trauer. Denn gerade das empfindet das Tier während des Tötungsprozesses. Diese Energien bleiben der Materie erhalten und wandern in Sie über.

Rein ethisch gesehen, werden die Mordfälle und die Gewalt in unserer Welt nicht aufhören bis die Menschheit begreift, dass man nicht morden muss, um zu essen. Man kann den Mord am Tier verstehen, wenn man in ärmeren Ländern wohnt und keine anderen Möglichkeiten hat seinen Magen zu füllen. Doch hierzulande gibt es doch weitaus mehr Lebensmittel als Fleisch.

Rein physisch gesehen, haben wir Menschen nicht genügend Pepsine (Enzym des Magensaftes, zuständig für das Zerkleinern der Nahrung) in unserem Magen, um Fleisch zu verdauen. Unser Körper benötigt 40 Tage, um den Verdauungsprozess des Fleisches abzuschließen. Und was passiert, wenn man es jeden Tag isst? Das, was der Körper nicht verdauen kann, deponiert er irgendwo, bis sich diese

„Mülldeponie" durch Unwohlsein oder gar Schmerzen bemerkbar macht.

Entscheiden Sie selbst, ob Sie weiterhin Fleisch essen möchten oder nicht, aber eine Reduktion auf eine Einnahme pro Woche ist mehr als empfehlenswert.

Essen Sie einfach die Lebensmittel, die viel Sonne bekommen haben oder aus der Mutter-Erde kommen. Fühlen Sie nach jeder Mahlzeit kurz nach. Wenn Sie sich schwer und müde fühlen, dann war das Essen nicht das Richtige für Sie. Das Essen soll Energie und Leichtigkeit geben, uns mit Vitalstoffen versorgen und uns gesund machen. Man kann sich leicht an den Farben der Obst- und Gemüsesorten orientieren:

Grün reinigt!

Rot stärkt das Blut!

Gelb steigert die Lebensfreude!

Violett ist antioxidant!

Weiß entwässert!

Orange stärkt den Stoffwechsel!

Das Wichtigste ist aber die Annahme Ihres eigenen Körpers. Welche Beziehung haben Sie zu Ihrem Körper? Sie brauchen sich für nichts zu schämen. Das was Sie haben, gehört allein Ihnen. Nehmen Sie Ihren Körper wahr und nehmen Sie ihn so an, wie er ist. Denn durch Ablehnung signalisieren Sie diesem Teil Ihres Körpers, dass er nicht zu Ihnen gehört. Sie wollen das nicht sehen, nicht anfassen und verstecken es auch. Jedes Mal, wenn Sie an diese eine Stelle oder diesen einen Körperteil negativ und frustriert denken, füllen Sie dieses Körperteil mit einer niedrigfrequentierten Energie, die sich schlecht verändern lässt und anfängt ein Eigenleben zu führen. Als Konsequenz werden Sie es nie schaffen Ihren Körper zu verändern. Das sieht dann so aus, als ob ein Steinmetz ohne Werkzeug den Stein formen will. Wenn Sie Ihren Körper formen möchten, dann sollten Sie Ihren Körper komplett annehmen, wahrnehmen, mit positiven Energien füllen und erst dann verändern.

Beim Thema „Abnehmen" oder „In Form bringen" scheiden sich die Geister. Aber eines ist ganz gewiss:

Es sind die drei Punkte unserer Lebensführung, die Veränderung erfahren müssen:

1. Ernährung
2. Psyche
3. Bewegung

Unser Körper zeigt uns wer wir sind. Er ist der Spiegel unserer Lebenseinstellungen. Somit zeigt die Fettleibigkeit den Bedarf an Schutz vor Schmerz, Kritik und Erniedrigung. Es gibt eigentlich nur einen guten Grund korpulent zu sein, und zwar der hohe Alter. Im Alter braucht man sogar Fettpölsterchen, um das Skelett zu schützen, falls man stürzen sollte.

Betreiben Sie Innenschau, um zu verstehen, warum Ihr Körper heute so ist, wie er ist.

5. Gepflegt mit Stil – so ist das Ziel

Es ist heutzutage nicht einfach seinen persönlichen Still zu finden. Die Verkaufsregale in den Geschäften strotzen nur noch von den Modemagazinen und Beautyheftchen. Man kriegt schöne Kleidungstücke angeboten und das sieht alles ganz wunderschön aus, doch wenn man sich selbst in diesen Klamotten betrachtet, dann will man am liebsten vor dem eigenen Spiegelbild davonlaufen. Das passiert, weil man sein eigener Typ ist und es ist wichtig das zu tragen, was einem steht und nicht jeder Mode nachzujagen. Natürlich muss man aktuelle Styles auch integrieren, wenn sie Ihnen aber nicht stehen, sollten Sie das lassen und warten bis der nächste Modetrend kommt. Die Mode ist schnelllebig und der nächste Trend wird ganz sicher kommen.

Kleidung muss in erster Linie altersentsprechend sein. Ein Psychologe erkennt sofort das Problem der Frau, die der Jugend nacheifert, weil sie sich zu jugendlich oder sogar kindisch kleidet. Hier heißt es ganz klar, dass die Frau sich nicht weiterentwickelt und gerne Dinge verdrängt, die sie, ihrer Meinung nach älter aussehen lassen. Es gibt auch Frauen, die gern immer den gleichen Stil tragen oder die gleiche Farbe. Dies deutet auf die Unsicherheit hin etwas

Neues zu probieren und mutig zu sein. Eine Frau sollte wissen, dass ihre Art der Kleidung ihr Erscheinungsbild in der Welt ist. Es gibt sogar bestimmte Richtlinien in Sachen Make-Up, Frisur, Körperhaltung und eben der Kleidungsstil. Als erstes sollte man herausfinden, welche Farben einem am besten stehen. Dadurch, dass es so viele verschiede Töne in jeder Farbskala gibt, sollte man wissen, dass es wichtig ist, nach seinem Farbton zu suchen und nicht nach der Farbe. Oft ist es so, dass dunkelgrün einem die Frische aus dem Gesicht raubt, dafür aber zaubert pastellgrün eine gewisse Leichtigkeit in ihr Gesicht und einen puppenhaften Wangenteint. Halten Sie die Farbe an ihr Gesicht und beobachten Sie, wie sich Ihr Gesicht verändert. Sobald eine gewisse Frische im Gesicht erscheint, können Sie getrost diese Farbe als Ihre bezeichnen. Im Allgemeinen können sich südländische Frauen z. B. alle Neonfarben erlauben, was allerdings bei Nord-Europäerinnen zu einer noch tieferen Blässe führen kann. Ich glaube nicht daran, dass man die Menschen in Sommer- oder Wintertypen einteilen kann. Ich glaube, es ist eher der Ton, der die Melodie entstehen lässt. Ihr Ziel bei der Wahl der Kleidung sollte auf jeden Fall die Frische in Ihrem Gesicht sein. Es gibt auch eine kleine Regel: in der Gesichtsnähe darf nichts sein, was den Teint blass aussehen lässt. Wenn Ihnen die Farbe schwarz nicht stehen sollte, dürfen Sie sie trotzdem tragen, aber nicht in der Nähe Ihres Gesichts. Es darf ruhig eine Hose sein oder irgendein Unterteil. In gewissen Fällen kann ein schwarzes Oberteil auch getragen werden, nur wenn es mit einem farbigen Halstuch oder einer helleren Jacke aufgewertet ist.

In Bezug auf Formen ist es nicht einfach eine Richtlinie darzulegen, weil jeder Körper sehr individuell ist. Es gibt allerdings einen kleinen Richtungsweiser: eine Frau muss geheimnisvoll sein und das bedeutet, dass auch der Körper ein Geheimnis darstellen soll und bei der Wahl der Kleidung sollte man darauf achten, dass die Kleidung nicht zu enganliegend ist und nicht transparent. Wir erinnern uns, dass die Fremdenblicke auch energieraubend sein können.

Das Geheimnis heißt: mein Körper und etwas Raum zwischen ihm und dem Kleidungsstück.

Man achte darauf, dass die Kleidung an Ihrem Körper nicht zu viele Falten wirft. Je mehr Falten durch die Kleidung an Ihrer Silhouette, umso mehr ähnelt man einem Michelin-Männchen. Ab einem gewissen Alter sollte man auch gewisse Körperstellen verdeckt halten. Das wären z. B. die Knie, der Bauch, das Dekolleté oder auch die Oberarme. Es gehört zum Leben dazu, dass sich im Laufe der Jahre unsere

Körper verändern und erwachsener werden und auch wenn man noch immer schöne Knie oder Oberarme besitzt, sollte man dieses Geheimnis für sich behalten und für den Mann an Ihrer Seite. Denken Sie daran, es geht immer um Ihre Silhouette und nicht um einzelne Körperteile. Sicherlich darf man auch mal gewagt angezogen sein und eben gewisse Körperteile offenlegen, doch das darf eben nicht tagtäglich passieren, sondern eben ab und an und zu besonderen Anlässen.

Wir alle tragen gern T-Shirts, Sweatshirts und sonstige lustigen Oberteile, die mit irgendwelchen Prints versehen werden. Hier sollte man auf jeden Fall beachten, dass die Prints immer die Blicke der Mitmenschen einfangen und zu Ihrer Brust hinführen. Nehmen Sie Ihren Mitmenschen nicht die Chance Ihnen ins Gesicht, in Ihre Augen zu schauen, da wo eben Ihre wahre Schönheit liegt. Jedes Mal, wenn man jemanden mit einem Tier auf der Brust begegnet, ist man erstmal überrascht und in den ersten drei Sekunden sieht man den Menschen vor lauter Tier auf seiner Brust nicht. Dieses Tier kann auch die Einstellung zu Ihnen als Frau verändern. Lenken Sie nicht von Ihnen ab, auch mit irgendwelchen Schriftzügen nicht. Was überhaupt nicht akzeptabel ist, ist eine andere Frau auf Ihrer Brust. Ihr Lebensmotto sollte auf Ihrem T-Shirt auch nicht festgehalten werden, geben Sie nicht alles von sich preis, bleiben Sie interessant.

Jetzt machen wir einen kurzen Abstecher in die Farbenwelt. Welche Information tragen die Farben:

Dunkelblau – kühle Farbe, eignet sich sehr gut im Geschäftsleben.

Hellblau, **Lila**, **Weiß** – Farben der heimischen Frau mit Ihren eigenen Prinzipien und Werten.

Braun, **Olivgrün**, **Beige** – symbolisieren Ruhe, Stärke, Bodenbeständigkeit.

Schwarz, **Rot**, **Orange** – sind Symbole für das Feuer und sozusagen für die Vamplady.

Gelb – ein Symbol für Jugendlichkeit und Leichtigkeit.

Grau, **Anthrazit** – Verschlossenheit.

Im Allgemeinen sollte man seine Kleidung nach dem Gemütszustand auswählen, damit Sie sich in ihr wohlfühlen. Wenn Sie sich in Trauer befinden, werden Sie wohl kaum lachsfarbene Kleidung anziehen und wenn Sie verliebt sind, dann tragen Sie sicherlich nichts Schwarzes oder Graues. Das Gleiche gilt auch bei den Shoppingtouren. Das von Ihnen Erworbene wird immer Ihren momentanen Gemütszustand widerspiegeln. Mit den Farben kann

man auch psychologische Arbeiten mit sich selbst durchzuführen. Wenn Sie sich etwas depressiv fühlen, dann greifen Sie nicht automatisch zu dunklen Farben. Wählen Sie bewusst eine helle Farbe, um eben Ihren Gemütszustand zu verbessern. Es ist zwar eine Mini-Einwirkung auf Ihre Laune, aber sie ist definitiv da. Selbstverständlich sollte man die Farben kombinieren und sie sollen passend kombiniert werden. Es gibt diese eine Regel, dass man nicht mehr wie drei Farben zusammentragen soll. Diese Regel scheint grundsätzlich zu sein. Es muss immer eine Basicfarbe geben, mit der man zwei andere dazu passenden Töne trägt. Das Ganze können Sie mit Schmuck und anderen Accessoires aufwerten. Zu warmen Farben passen immer goldene Schmuckstücke und zu kühlen Farben ist Silber optimal. Auch das Schuhwerk soll das Outfit ergänzen und nicht zerstören. Bei 7/8 Hosen passen Ballerinas immer, bei einer längeren Hose sollte ein Absatz her, damit Ihre Beine nicht zu kurz ausschauen. Wie bereits gesagt, es geht immer um Ihre Silhouette.

Zum stillsicheren Auftreten gehören auch das Make-Up und die allgemeine Körperpflege. Das Make-Up ist eine ganz tolle Erfindung unserer Zeit und verschönert ungemein, wenn man es im Maß hält. Nicht umsonst gibt es ein Tages- und Abendmakeup.

Im Allgemeinen sollte man sich Frische ins Gesicht schminken. Frische bedeutet Jugendlichkeit, Gesundheit und somit auch eine gute Resonanz von der Außenwelt. Am Tag ist es ratsam das Make-up diskret zu halten. Hier gilt auf jeden Fall die „Weniger-ist-mehr" Regel. Als Grundlage sollten Sie sich einen makellosen Teint auflegen. Alles was im Gesicht blau oder gräulich ist, muss aus dem Gesicht weg, seien es die Augenringe, Narben oder Pigmentflecken. Das alles kann man heutzutage mit verschiedensten Dingen kaschieren. In jedes Gesicht gehört Rouge, weil das eben der Frischegeber ist und selbstverständlich die Wimperntusche, die das Auge optisch vergrößert. Mit dem Älterwerden werden die Augen kleiner und die Augenbrauen gehen auch etwas nach unten, deshalb sollte man beim Schminken darauf achten, dass das Auge größer geschminkt wird und die Augenbraue höher. Hier muss selbstverständlich auch Maß gehalten werden. Die Augenbraue soll mit einer leichten Linie von 0.5 mm höher geschminkt werden - nicht mehr. Diese optische Täuschung holt Ihnen die Schönheit aus der Jugend wieder. Verwenden Sie für das Tagesmakeup natürliche und zurückhaltende Töne, die allerdings in einigen Nuancen farblich zu Ihrer Kleidung passen. Beim Abendmakeup kann man etwas dicker auftragen. Allerdings sollte darauf geachtet werden, dass man auch hier nicht mehr wie drei Farben

mischt, um nicht wie eine Farbpallette auszuschauen. Wählen Sie den gleichen oder ähnlichen Ton beim Rouge und Lippenstift. Sie sollten immer das hervorheben, was in Ihrem Gesicht am schönsten ist. Sind es Ihre Lippen? Dann zeigen Sie allen, dass Sie einen Kussmund haben und richten durch einen auffälligen Lippenstift alle Blicke auf Ihre Lippen. Sind es aber Ihre Augen, dann unterstreichen Sie die Augen mithilfe dunklerer Lidschatten und/oder Kajalstifte. Beides zusammen auffällig zu schminken ist heutzutage ein „No-Go".

Unbeachtet dessen steht in der Ära Wassermann die natürliche Schönheit im Vordergrund. Aus diesem Grund sollten Sie Ihre natürliche Schönheit nicht übermalen, sondern nur unterstreichen. Sobald Sie sich im geschminkten Zustand nicht mehr erkennen, dann haben Sie sich übermalt. Unabhängig davon, ob Ihnen Ihr neuer Anblick gefällt oder nicht, Sie sollten lernen sich selbst so zu lieben, wie die Natur Sie erschaffen hat.

Haben Sie nicht auch solche Tage, an denen Sie sich nicht so gern im Spiegel anschauen und welche, an denen Ihr Spiegelbild so schön ist, dass Sie am liebsten den ganzen Tag vor dem Spiegel verbringen möchten? Und dabei hat sich nicht viel geändert. Es ist Ihre Seele, die Ihr Charisma zum Strahlen bringt.

Schließlich sind unsere Augen der Spiegel unserer Seele und eben durch die Augen sehen wir wie es unserer Seele geht. Gefällt Ihnen Ihr Anblick heute nicht, dann ist es ein guter Grund Innenschau zu betreiben. Als Folge ist es ersichtlich, dass die innere Schönheit eben alles übertrumpft und dass wir oft eine verzerrte Wahrnehmung unseres Selbst haben. Sie haben sicherlich auch bereits eine Situation erlebt, wenn man im Eifer der Vorbereitung zu einer Feier ganz in Eile mal die Haare macht und sie einfach nicht wollen. Irgendwann mal gibt man auf und ist mit dem Ergebnis völlig unzufrieden, sodass man heulen möchte. Doch Ihr Mann sieht darin komischerweise kein Drama und macht Ihnen Komplimente. Genau das zeigt eben, dass unsere Augen ganz etwas anderes sehen als die Augen unseres Mannes. Lassen Sie nicht zu, dass die verzerrte Wahrnehmung, die durch Wut oder Zorn in Ihnen aufsteigt, sich wie ein Schleier über Ihre Augen legt und Ihnen den Abend versaut. Sagen Sie sich selbst, dass es OK ist, nicht perfekt zu sein.

Und haben Sie schon mal gemerkt, dass jeder Spiegel ein anderes Spiegelbild von uns zeigt? Spricht das eigentlich nicht dafür, dass wir niemals wissen werden, wie wir wirklich aussehen? Dann ist es doch viel wichtiger unsere Seele zum Strahlen zu bringen und sich dabei auch noch glücklich zu fühlen.

Der eigene Stil bedeutet eine charakteristisch ausgeprägte Erscheinungsform. Mit Ihrem Stil zeigen Sie Ihren Charakter. Deshalb ist hier nicht nur die optische Wirkung wichtig, sondern auch das Benehmen, die Körperhaltung, die Sprache, die Stimmlage etc. Sie selbst als Mensch sind ein hochkomplexes Wesen, deshalb ist Ihr Erscheinungsbild auch komplex und besteht aus vielen verschiedenen Aspekten, die zu einer Einheit zusammengefügt werden. Es ist immer ratsam alles als Einheit zu betrachten. Um ideal auszusehen braucht man nicht viel – nur etwas Aufmerksamkeit für sich selbst und eine gute Vorstellungskraft. Seien Sie mutig und verschönern Sie sich. Auf wenn Sie denken, dass das alles zeitintensiv ist, dann ist das nur eine Illusion. Sicherlich werden die ersten Schminkversuche etwas dauern, aber Übung macht auch in der Ära Wassermann den Meister. Wenn Sie aber irgendeine Angst empfinden und sich einfach nicht trauen aus Ihrer gewohnten Haut zu fahren, dann fragen Sie sich erstmal woher diese Angst kommt und was würde denn eigentlich passieren, wenn Sie heute mal Ihre Sportschuhe im Schrank lassen und eben schöne Plateauschuhe zum Einkaufen anziehen?

Falls Sie Angst haben, dass irgendwelche Leute über Sie reden, dann denken Sie immer an die Worte, die einst Coco Chanel sagte: „Mir ist egal, was die anderen über mich denken, denn ich denke gar nicht an sie."

6. Die biologische Uhr ist verbunden mit der Natur

Haben Sie sich schon gefragt, nach welchen Kriterien Sie Ihren Lebensrhythmus ausrichten? Ist es die Arbeit? Die Familie? Oder haben Sie überhaupt einen Rhythmus?

Oft erlauben wir den äußeren Umständen unser Leben zu gestalten und richten uns danach. Wir erklären unsere Launen mit irgendwelchen Geschichten aus dem Arbeitsumfeld, wie zum Beispiel der Kollege hat den Tag versaut oder eine Situation im Kindergarten hat einem die Laune verdorben. Diese negativen Energien bringen wir mit nach Hause und im schlimmsten Fall kriegt es unser Familienmitglied ab. Ist es eigentlich in Ordnung, dass wir unsere Sprache und unsere Emotionen nicht kontrollieren können, sobald Unzufriedenheit oder Ärger Macht über uns gewinnen? Jeder von uns ist aber mit allem ausgestattet, was das emotionale Leben leichter macht. Humor ist eine der besten Waffen, um gegen Stress anzukämpfen und bestimmte Situationen an sich abprallen zu lassen. Egal, was passiert, versuchen Sie etwas Lustiges darin zu finden. Auch wenn Sie nur innerlich lachen, werden Sie merken, dass Sie in der Situation der

Entspanntere sind. Und lachen Sie ruhig über sich selbst – Mut zur Lücke.

Stellen Sie sich die Frage, ob Sie selbst die Kontrolle und die Entscheidungskraft in Ihrem Leben haben wollen oder akzeptieren Sie einfach die Tatsache, dass alles andere über Sie die Entscheidungskraft hat, nur nicht Sie selbst? Wenn Sie sich für die zweite Variante entscheiden, dann sollten Sie nicht jammern, wenn andere nicht das tun, was Sie gerne hätten oder Ihr Leben nimmt nicht die Form an, welche Sie sich vorstellen. Aber wenn Sie sich für die Kontrolle über Ihr Leben entscheiden, dann ist es ratsam Ihren Lebensrhythmus zu finden. Finden Sie heraus, ob Sie ein Früh- oder Spätaufsteher sind. Bitte denken Sie auch an die biologischen Abläufe in unserem Körper. Ehrlich gesagt, 5 Stunden Schlaf sind wirklich wenig und jeder Körper hat das Recht ganz in Ruhe den kompletten Regenerationsprozess zu durchlaufen, um länger gesund zu bleiben. Versuchen Sie einfach in den ersten Schritten verschiedene Schlafzeiten aus und notieren Sie sich Ihr Wohlbefinden am Morgen. Wenn Sie sich schlecht fühlen, dann war es nicht genug Schlaf oder die falsche Zeit. Sieben bis acht Stunden an Schlaf sollten genügen und nun können Sie die richtige Zeitspanne für sich festlegen, durch das Probieren eben. Nach einem für die Nerven anstrengendem Tag

versuche ich ab 21 Uhr Ruhe zu genießen – ohne Fernseher, Diskussionen, Telefonate. Ein gutes positives Buch, ein Beruhigungstee und leise Musik können Heilungsprozesse auf der Nervenebene auslösen und somit zu einer guten Regeneration beitragen.

Sobald Sie Ihren tagtäglichen Schlafrhythmus gefunden haben, werden Sie merken, dass Sie gelassener und stärker werden. Als Resultat werden Sie dann Ihr Leben danach ausrichten. Sicherlich wird es Gegenstimmen geben, weil diese Ansicht nicht unbedingt standardisiert ist, aber schauen Sie sich die Natur an. Wir haben die vier Jahreszeiten, die immer wieder zur gleichen Zeit da sind und es ändert sich nichts. Wir Menschen passen uns an und es beschwert sich niemand. Und was passiert mit der Natur? Sie bleibt nach wie vor stark und unbesiegbar, weil sie nach ihrem Rhythmus lebt und die Tiere richten sich selbstverständlich danach. Nur die Uhrumstellung im Frühjahr und Herbst machen uns ab und an zu schaffen. Wir sollten nie vergessen, dass wir auch unseren biologischen Rhythmus haben, doch das moderne Leben lässt es leider nicht immer zu, dem biologischen Rhythmus zu folgen. Seit der Mensch die Glühbirne erfunden hat, haben wir uns mehr und mehr von der Biologie unseres Körpers distanziert und nun ist es an der Zeit einen guten Mittelweg zu finden.

Die vier Jahreszeiten sind auch ein gutes Beispiel für den allgemeinen Lebensablauf. Es sollte uns bewusst sein, dass der Mensch so wie die Natur die vier Schritte gehen muss – von Jahr zu Jahr! Im Winter schläft die Natur. Die Bäume, Sträucher und Pflanzen ziehen bereits im Herbst Ihre Nährstoffe zurück in die Wurzel, als ob sie ihr Wachstum überdenken müssten und entscheiden müssten, wie viel Energie sie in der nächsten Saison aufbrauchen wollen. Für diese Besinnlichkeit gibt es die schöne, ruhige Winterzeit. Und im Frühjahr blüht wieder alles auf wie neu! Die Natur kann schlechte Erfahrungen abwerfen und sich nur auf das Neue konzentrieren. Die Natur versteht, wenn sich der Nährboden verändert hat und es gibt dort nichts mehr zu holen, dann wächst dort auch nichts mehr. Das Leben der Pflanzen und der Tiere verlässt die Gegend und zieht weiter mit dem Wind der Veränderung und Wandlung. Ist es auch nicht das, was wir lernen sollten? Doch wir Menschen halten uns sehr fest an unsere Vergangenheit und sind nicht in der Lage dem Wind zu folgen und Altes abzuwerfen, um Raum für Neues zu schaffen.

Unser persönlicher Rhythmus wird oft von den so genannten Umständen gestört. Doch sobald Sie einen Plan für Ihren täglichen Ablauf haben und Ihre Ziele festgelegt sind, werden Sie sich im ersten Schritt mit etwas Zwang danach richten müssen, doch nach etwa zwei Monaten werden Sie nicht mehr anders leben können und werden sich nur ab und zu an die alten Gewohnheiten zurückerinnern. Denken Sie immer daran, dass es um Ihr Leben geht und niemand – wirklich niemand kann es in die Hand nehmen, außer Ihnen.

Schaffen Sie Ihren persönlichen Lebensrhythmus. Machen Sie sich Gedanken, was Sie nach und nach in Ihr Leben integrieren möchten und was Sie nur stört und nicht mehr weiterkommen lässt, muss unbedingt aussortiert werden. Sind Sie mit Ihrem Job unzufrieden, dann suchen Sie sich einen anderen und schulen Sie sogar um. Sind Sie mit Ihrem Körper unzufrieden, dann integrieren Sie einen neuen Essenstil und Trainingseinheiten in Ihr Leben. Wir haben heute zum Glück so viele Möglichkeiten, um an Informationen zu kommen und das müssen wir schon fast nutzen… Denken Sie an die Geschichte mit dem Stück Fleisch, das immer gleich zubereitet worden ist, obwohl man doch andere Möglichkeiten hatte und wie viel des guten Fleisches weggeworfen wurde. Lassen Sie sich nicht durch Vergnügung und illusorische Sorgen ablenken.

Sobald Sie Ihren persönlichen Rhythmus gefunden haben und Ihr Tagesablauf nun Ihrem Selbst entspricht und Ihnen Spaß macht, werden Sie merken, dass Sie MEHR Zufriedenheit und Freude ausstrahlen. Und hier kommt das Gesetz des Magnetismus ins Spiel. Heutzutage ist es auch kein Geheimnis mehr, dass Sie dann noch mehr zufriedenstellende und glücklich machende Situationen, Menschen, Dinge in Ihr Leben anziehen werden. Dieses Gesetz ist unumgänglich! Egal, wie Sie sich entscheiden, ob positiv oder negativ – dieses Gesetz wird immer arbeiten. Entscheiden Sie heute, dass das Leben schwierig ist, dann wird es auch schwierig sein. Entscheiden Sie richtig und denken Sie daran, Sie sind der Schlüssel zu Ihrem Leben und niemand kann es verändern, lenken, besser machen – nur Sie und Ihr Wille! In der Ära Wassermann wird der persönliche Wille ganz großgeschrieben. Dieser Eigenschaft sollte man jetzt viel Aufmerksamkeit schenken.

Wenn wir schon von Naturgesetzen sprechen, dann ist BEWEGUNG ein ganz wichtiger Bestandteil. Denn ohne Bewegung funktioniert wirklich kaum was. Ein Rad, das nicht fährt, rostet ja auch ein und es Bedarf

viel Aufwand, um es wieder in Ordnung zu bringen. Und wenn wir das auf unser Leben übertragen, dann sollten wir zunächst mit der Bewegung unseres Körpers anfangen. Auch unser Körper „rostet" ohne Bewegung ein. Die Hormonausschüttung wird gestört und gerät aus der Balance, die Muskelmaße geht verloren, der Magen-Darm-Trakt wird träge und verlangsamt viele Funktionen, die Gelenke werden unbeweglich und und und….

Wenn wir uns sportlich betätigen, egal was wir machen, es kann auch nur eine Tibetische Energiegymnastik sein, fördern wir die Erneuerungsprozesse im Körper. Wenn das Blut und Lymphe wieder fließen, was eben durch Bewegung passiert, gelangen sie in alle Teile unseres Körpers und bringen Vitalstoffe, Sauerstoff und alle notwendigen Elemente mit - für das Leben des Körpers. Glückshormone wie Dopamin, Serotonin, Endorphin, Adrenalin werden ausgeschüttet und das ist eben der Grund, warum wir uns nach dem Sport so gut fühlen – ein Gefühl des Fliegens.

Selbstverständlich muss auch die Lymphe hier explizit erwähnt werden. Sehr oft wird sie vergessen – zu Unrecht. Denn unser Lymphsystem steuert den Wasserhaushalt in unserem Körper. Das Lymphsystem ist das Wasser unseres Körpers. Durch

Bewegung wird auch die Lymphe aktiviert und erhält somit die Chance Toxine aus dem Körper auszuleiten und somit das Wasser im Körper zu reinigen. Die neue Zeit schickt uns auch eine versteckte Botschaft: Wassermann lass das Wasser fließen!

Auch wenn Sie sich heute aufgrund Ihrer Gesundheit nicht mehr sportlich betätigen können, dann können Sie dem Körper trotzdem helfen, indem Sie ihm kurze Massageeinheiten geben und so das Blut und die Lymphe aktivieren. Die TCM (Traditionelle Chinesische Medizin) hat viele verschiedene Massagearten zu bieten, auch für die Organe. Im Internet gibt es sehr viele Informationen dazu. Doch am wichtigsten ist es, dass Sie immer auf Ihren Körper hören. Ihr Körper ist immer mit Ihnen in Kontakt und teilt Ihnen immer mit, wenn etwas nicht in Ordnung ist. Wenn Sie drei Tage hintereinander Bauchschmerzen haben, dann gibt es einen Grund dafür. Der Körper meldet das nicht einfach so – er braucht Ihre Aufmerksamkeit. Lieben Sie Ihren Körper, hören Sie ihm zu, helfen Sie ihm Probleme zu lösen und zu beseitigen und irgendwann wird der Körper Ihnen gehorchen und Sie werden ihm sagen, wie er sein soll und er wird sich nach Ihren Zielen richten.

7. Wenn du nicht weiterweißt, achte auf deinen Körpergeist!

Heute ist sich die Wissenschaft nicht so sicher, ob ein Gedanke einem Gefühl vorausgeht oder umgekehrt. Ich glaube, beides ist korrekt. Es ist nämlich so, dass wir auch Erinnerungen haben und mit diesen Erinnerungen haben wir auch Gefühle, Gerüche, Aktionen auf unserer Festplatte abgelegt. Eine ähnliche Situation jetzt, in diesem Moment wird die Gefühle von damals hervorrufen und dann werden Sie sich an die Situation von damals erinnern. Hier entstehen Gedanken, nachdem ein Gefühl zum Vorschein tritt. Und dann gibt es ganz neue Situationen in unserem Leben, wie zum Beispiel ein Bungee-Sprung von einer 100 m hohen Brücke und man fühlt zum ersten Mal den freien Fall. Zunächst einmal macht man sich Gedanken, ob es gut geht... da kommt die Angst auf, die ja berechtigt ist, denn die Angst ist unser Schutzmechanismus und prüft immer wieder, ob wir wirklich bereit sind diesen Schritt zu gehen. Aber dann, sobald man gesprungen ist, empfindet man einen ganz neuen Level von Gefühlen – die eben noch nie da gewesen sind und speichert diese ab.

Der Mensch ist nun mal so erschaffen, dass er immer denkt und fühlt oder beides zusammen. Es ist immer eine Kette von Gedanke – Gefühl – Gedanke – Gefühl..... Auch, wenn man denkt, dass man rational ist und in seinen Gefühlen sehr gefestigt, täuscht man sich, denn das Gefühl eines rationalen Menschen ist seine Angst etwas Falsches zu tun oder zu sagen, oder gar nichts zu einer Sache beitragen zu können aufgrund von Unwissenheit. Rationale Menschen suchen immer nach Wissen, um einen besseren und gebildeten Eindruck in der Gesellschaft zu hinterlassen. Aber fühlen Sie sich da nicht eher genervt von solchen Menschen? Mit Besserwissern ist oft keine Kommunikation möglich – das endet meistens in einem Monolog – nicht wahr? Warum ich das jetzt schreibe, ist um Ihnen die Angst zu nehmen, mal etwas nicht zu wissen 😊

Wo man sich informieren müsste, ist all das, was mit Ihrem Leben einen direkten Berührungspunkt hat. Wenn Sie gern verreisen, dann ist es von Vorteil Erdkunde zu beherrschen, doch dafür werden Sie sicherlich nicht unbedingt den Aufbau eines LED Fernsehers studieren müssen.

Doch zurück zum Thema Gedanken und Gefühle. Meiner Meinung nach kann man sich die Erinnerungsgedanken auf jeden Fall zu Verbündeten

machen. Indem Sie genau wissen, wie Sie damals auf eine bestimmte Situation reagiert haben. Sie waren zum Beispiel sehr aufgebracht, konnten nicht mehr ruhig schlafen, haben geweint und viel Leid erfahren. Wenn heute eine ähnliche Situation passiert, dann erinnern Sie sich an die Situation von damals und an Ihre Schritte/ Reaktionen von damals. Heute haben Sie eine Chance alles anders zu machen. Sie können die Situation viel lockerer nehmen, schließlich wissen Sie ja schon ungefähr was auf Sie zukommt. Sie können auch erstmal gar nicht reagieren, weder positiv noch negativ. Jeder hat immer ein Recht auf eine bestimmte Zeitspanne zum Überlegen. Aber auch wenn Sie das allererste Mal vor einer bestimmten Situation stehen und nicht genau wissen, was jetzt in Ordnung wäre, dann bitten Sie um etwas Zeit. Suchen Sie eine stille Ecke und ziehen Sie sich zurück. Beruhigen Sie Ihre Emotionen, atmen Sie sich frei und überlegen Sie alle möglichen Handlungsschritte. Entscheiden Sie nun, welcher wäre am besten für Sie in der heutigen Situation und in Zukunft.

Am besten ist es aber in solchen Situationen Ihrem Körper mehr Beachtung zu schenken. Ihre Gedanken können nichts wahrnehmen und fühlen – das kann nur der Körper. Unsere Gedanken sind das Ergebnis von Ansammeln der Informationen durch unsere fünf

Sinne und Projektion der innewohnenden Emotionen. Unser Körper ist aber der Schlüssel zum sechsten Sinn und zu einer aktiven Intuition. Achten Sie mehr auf die Signale, die Ihnen der Körper sendet. Er fängt frühzeitig an, Ihnen Signale zu senden und je schneller Sie die Information wahrnehmen, umso schneller können Sie Krankheiten oder auch gewisse Situationen im Leben abwenden.

Welche Gefühle und Wahrnehmungen können auftreten:

-Motivation

-Freude

-Aufregung

-Nervosität

-Kopfschmerzen

-Leichte Übelkeit

-Druck im Hals

uvm.

Anhand dessen können Sie selbst die Signale entziffern. Empfinden Sie beim Eintreffen einer

Situation Freude, dann erwarten Sie einen guten Ausgang. Falls Sie eher die Übelkeit überkommt, dann wissen Sie, dass die Sache eher mit Vorsicht zu genießen ist.

Lassen Sie Ihren Körpergeist frei! Durch das Leben in der Gesellschaft, steht unser Körper ständig unter Beobachtung. Wir kontrollieren das richtige Sitzen, das Laufen, die Körperhaltung, das Verhalten am Tisch etc. – wir geben ihm oft keine Möglichkeit zur richtigen Entspannung und auch die Endprodukte des Körpers wie Urin, Gase usw. werden oftmals zurückgehalten, weil es die Situation gerade nicht zulässt. Auch wenn wir uns schlafen legen, entspannen sich die Muskeln oft nur bedingt und unser Körper möchte auch nur frei sein. Es gibt eine Technik, die da heißt: Lasse den Körpergeist frei! Diese Übung öffnet die Kommunikation zwischen dem Körper und dem Kopf. Sobald dieser Kommunikationskanal geöffnet ist, werden Sie eine ganz andere Wahrnehmung Ihres Selbst haben und als Folge davon werden Sie mit der Zeit lernen mit Ihrer Umwelt auf einer anderen Ebene zu kommunizieren.

8. Im Mittelpunkt des eigenen Selbst, besteht man den Lebenstest

In diesem Kapitel möchte ich Bezug auf den ersten nehmen. Die drei Begriffe Respekt, Selbstachtung und Verantwortung spielen in der neuen Ära eine große Rolle. Heute wissen wir, dass man in seinem Leben für alles bezahlen muss und dabei geht es nicht immer nur um das Geld oder Materielles. Oft zahlt ein Mensch auch mit Verlust, psychischer oder physischer Krankheit oder sogar mit dem Tod. Ich möchte natürlich keine Angst einjagen, aber diese Worte sollen zum Nachdenken anregen. Viele Geschichten aus unserem Menschendasein belegen heute, dass beim Eintreten eines Verlustes, egal welcher Natur, wird einem Menschen bewusst, was er genau falsch gemacht hat und wie wertvoll das war, was er verloren hat. Doch es ist zu spät und man kann oft nichts mehr verändern und muss sich seinem Schicksal fügen und hoffentlich wird man beim nächsten Mal anders handeln. Denn ein Schicksalsschlag ist oft eine versteckte Lehre.

Nun ich möchte mit diesem Kapitel ein Thema besprechen, das das karmische Gesetz umkehrt. Stellen Sie sich vor unser Karma ist eine Bank mit zwei Konten, eins ist aus Gold und das andere aus Pech.

Jedes Mal, wenn Sie etwas denken und tun, wird eines der Konten mit dem entsprechenden Guthaben belastet. Jeder gesunde menschliche Verstand will was vom goldenen Konto abhaben. Sie werden sich wundern, aber man kann wirklich das goldene Konto ganz einfach aktivieren. Fangen Sie an wertvolle Gedanken zu hegen, wertvolle Gefühle zu empfinden und wertvolle Taten zu tun, denn jedes Mal, wenn Sie was Gutes tun, denken oder einfach nur Dankbarkeit und Freude empfinden, füllt sich das goldene Konto. Selbstverständlich, wenn das Kontovolumen voll ist, wird der Überschuss an Sie überwiesen. Sie werden Sachen, Situationen, Unterstützung und Lösungen für Ihre Probleme ganz einfach und stressfrei empfangen.

Das Gleiche verhält sich mit dem Pech-Konto. Denken Sie schlecht über sich selbst, über andere Menschen, verurteilen Sie ständig irgendwelche Institutionen oder Personen aus Ihrer Umgebung und lassen an ihnen kein gutes Haar, dann wird sich das Pech-Konto füllen. Und auch hier wird es genau so sein wie beim Gold-Konto – der Überschuss wird immer ausbezahlt.

Ab heute können Sie alles umkehren und immer auf Ihr Gold-Konto einzahlen. Investieren Sie somit in

Ihre Zukunft. Nun fragen Sie sich selbst, wie Sie am effektivsten dorthin geraten.

Fangen Sie an alles um sich herum zu respektieren. All das, was Sie heute umgibt, hat Ihnen bereits eine Dienstleistung erbracht. Der Tisch, an dem Sie essen und der Stuhl, auf dem Sie sitzen, leisten jeden Tag diesen Job für Sie. Unsere Küchen- und Haushaltshelfer sind jeden Tag für uns da und helfen uns den Alltag besser zu meistern. Es ist keine Selbstverständlichkeit, dass diese Geräte da sind. Denken Sie an all diese Menschen, die diesen Komfort nicht haben. Respektieren Sie auch die Arbeit der Menschen um Sie herum. Sicherlich wird unser Ego jetzt einwenden, dass diese Menschen dafür bezahlt werden und das ist ein Fakt. Aber wie steht es mit Ihnen? Möchten Sie, dass man auch so über Ihre Arbeit denkt oder möchten Sie mehr Wertschätzung? Dann fangen Sie an, die Arbeit der anderen zu schätzen. Egal, welche Arbeit wir verrichten, Fakt ist, dass unsere Welt ein grenzenloser Mechanismus ist und jeder einzelne hat zu dem heutigen Ergebnis etwas beigetragen. Müsste man da nicht dankbar sein? Wir sind ein Teilchen von etwas ganz Großem.

Doch am wichtigsten ist, sich selbst zu respektieren. Der Selbstrespekt bedeutet nicht, sich zu schonen.

Eine Schonhaltung kann oft zu mehr Problemen führen, nicht wahr? Der Selbstrespekt fängt bei Ihrer Wurzel an und hört bei Ihrem Nachkommen auf. Mit der Wurzel sind Ihre Eltern und Großeltern gemeint und das Nachkommen sind Ihre Kinder und Enkelkinder. Das alles sind Menschen, die sehr viel mit Ihnen gemeinsam haben und hier können Sie den Respekt üben. Wenn Sie Ihren Familienmitgliedern Respekt schenken, dann beschenken Sie sich schon mal selbst. Falls es Ihnen schwerfallen sollte, weil Ihre familiäre Situation heute nicht ganz einfach ist, dann erinnern Sie sich daran, ob es nicht Ihre eigene Entscheidung von damals war. Und wenn das so ist, dann respektieren Ihre damalige Entscheidung. Das was früher war, ist passé, kann aber heute modernisiert werden. Das ist der erste Schritt. Der zweite Schritt ist der Respekt zum eigenen Selbst, denn man kann nichts geben, ohne es zu haben.

Die Frau ist von Natur aus zum Geben veranlagt. Leider geben Frauen oft viel mehr als sie müssten und überstrapazieren selbst ihre Ressourcen. Das führt zu Energielosigkeit, zur Frustration und Demotivation. Die meisten Menschen wollen gar nichts von uns haben außer unserer Zeit und Aufmerksamkeit. Vor allem die Menschen, die wir lieben, wollen grundsätzlich nicht viel. Sie wollen meistens wahrgenommen und manchmal ein bisschen umsorgt werden. Doch wir Damen geben viel zu viel, überrennen unsere Mitmenschen mit unserer Präsenz, überpflegen unsere Kinder und verpassen den Moment, wenn sie groß sind. Wir waren darauf fokussiert den Kids alles zu geben, schon nahezu perfekt musste alles sein und am Ende stellen wir fest, dass wir vor lauter Müdigkeit die Freude des eigenen Kindes nicht mehr wahrnehmen und nehmen nicht wirklich gefühlstechnisch teil an seinem Leben. Das arme Kind versucht dann mit erfunden Krankheiten auf seine emotionale Einsamkeit aufmerksam zu machen, doch auch das stresst die Eltern nur noch mehr, weil sie nun noch mehr Sorgen haben. Probleme und Sorgen wachsen in den Köpfen heran und Schlaf wird zur Mangelware, denn man „muss" die Probleme lösen, damit auch die Sorge aus dem Kopf weicht. Und das Kind? Das Kind braucht wirklich nicht viel. Kleine Kinder wollen nur Aufmerksamkeit. Sie wollen, dass man ihnen zuhört, wenn sie versuchen die ersten Worte zu sprechen. Sie wollen wahrgenommen werden und hoffen auf einen Dialog mit ihnen. Oder kennen Sie ein dreijähriges Kind, das zum anderen sagt: Sieh mal an, der hat heute wieder neue Schuhe an oder ihre Eltern fahren ein echt teures Auto. Das alles ist den Kleinkindern egal, denn ihr Interesse liegt beim Erkunden der Welt und nicht beim Beurteilen. Das sind die Erwachsenen, die immer nur bewerten,

beurteilen und verurteilen. Anstatt, dass wir unseren Kindern Liebe und Aufmerksamkeit schenken, damit sie ein gesundes Selbstwertgefühl entwickeln, kaufen wir ihnen lieber Ablenkungen in Form von Spielen, Klamotten, setzen sie für eine lange Zeit vor den Fernseher und überreizen die kleinen Wesen.

Es liegt auf der Hand, dass die Eltern oft überfordert sind. Wenn Sie als Mutter überfordert sind, dann spiegelt sich das in folgenden Punkten wider:

….Sie mögen Ihr Spiegelbild nicht mehr

….Sie wollen Ihren eigenen Mann nicht mehr

…..Zu viel „Muss" im Kopf

…Sie können nicht mehr richtig kommunizieren

…Sie sind infektionsanfällig

…Sie essen zu viel oder zu wenig

…Sie sind zwar müde, aber nachts schlafen Sie nicht

Das alles sind Anzeichen für den mangelnden Respekt zu sich selbst, der in Energieverlust und somit Antriebslosigkeit landet.

Nun, um sich selbst besser zu verstehen, stellen Sie sich die fünf Fragen:

1. Ja, ich gebe viel, aber erwarte ich auch was zurück?
2. Suche ich nach Bestätigung?
3. Gebe ich meine Lebensenergie jemand, der es nicht braucht und nicht schätzt?
4. Schätze ich meine eigenen Kräfte falsch ein?
5. Welcher Grund treibt mich an die Grenzen?

In erster Linie sollten Sie verstehen, dass die Aufgabe einer Frau ist, glücklich, harmoniereich und leicht zu sein. Die Natur der Frau hat nichts mit einem Kampf zu tun, eher mit der Annahme und Akzeptanz. Eine Frau, die zu viel gibt und es nicht schafft Ihre Reserven aufzufüllen, verliert ihre Ressourcen und eines Tages werden die Probleme kommen und ziemlich alle Lebensbereiche treffen:

-Stress mit den liebsten Menschen, weil man keine Kraft mehr hat seine Emotionen unter Kontrolle zu kriegen

-ständige Müdigkeit, weil man keine Kraft mehr schöpfen kann

-finanzielle Sorgen, weil vieles zur gleichen Zeit kaputt geht und ersetzt werden muss

-körperliche Leiden, weil sich der Körper und die Psyche nicht erholen

Hier sollte man den eigenen psychischen Programmen auf den Grund gehen. Erwarten Sie doch etwas zurück, wenn Sie etwas gegeben haben, sei es ein Verhalten, Geschenk oder ein Handeln? Wenn das der Fall ist, dann sollten Sie damit sofort aufhören. Sie geben, weil Sie das möchten und auch die andere Person soll geben, wenn sie das möchte und sich nicht dazu gezwungen fühlen. Geben Sie der Person eine Chance Ihnen das zu geben, was sie für richtig hält und schreiben Sie ihr nichts vor.

Haben Sie Angst vor Kritik und Enttäuschung, wenn Sie aufhören 150% zu geben? Auch hier sollten Sie das möglichst schnell unterlassen. Wie schon oben geschrieben, können Sie nicht mehr geben, als Sie besitzen und 150% besitzt keiner von uns. Wir alle haben nur 100%.

Die „Geben & Nehmen"-Formel soll immer in Balance sein. Das ist die Formel der Liebe. Stellen Sie sich eine Waage vor – eine Schale ist das Geben und ist überfüllt. Was passiert mit der anderen Schale? Sie fliegt hoch und wird für Sie unerreichbar.

Aber was kann man dagegen tun?

In erster Linie ändern Sie Ihr Verhalten. Schrauben Sie Ihr Geben im ersten Schritt auf 10% zurück und fühlen Sie nach, ob es sich gut anfühlt. Im zweiten Schritt noch einmal 10% weniger und im dritten Schritt erneut 10% weniger. Vielleicht werden Ihre Liebsten im ersten Moment nichts merken. Doch später werden Sie merken, dass sie nicht mehr die gewohnte Menge von Ihnen bekommen und werden diese doch einfordern. Bleiben Sie aber stark und erklären Sie Ihre Situation Ihren Liebsten. So werden Sie Kraft und Zeit für sich selbst bekommen und Ihre Liebsten werden lernen mehr Verantwortung für sich selbst zu übernehmen, was für ihre Zukunft eher positiv ist.

Denken Sie positiv. Versuchen Sie in jeder Situation und in jeder Geschichte etwas Positives für sich zu finden. Denn es passiert nichts einfach so. Wir wissen, dass jedes Ergebnis eine Ursache und eine Wirkung hat. Versuchen Sie herauszufinden, warum ausgerechnet diese Situation heute in Ihr Leben gekommen ist. Verändern Sie Ihre Überzeugung zu diesem bestimmten Thema und fühlen Sie anders darüber und Sie werden sehen, diese Erfahrung werden Sie nie wieder machen.

Ziehen Sie keine Vergleiche. Fast jeder von uns vergleicht sich automatisch mit den anderen. Sei es das neue Auto, das sich eine Freundin geleistet hat oder die sportliche Kollegin – wir vergleichen uns immer und überall. Das tun wir, um zu wissen, sind wir besser oder schlechter als unser Gegenüber. Fühlen wir uns besser, dann verhalten wir uns auch selbstsicherer. Fühlen wir uns schlechter, dann halten wir uns zurück und am liebsten würden wir gern gehen... Oft zerbrechen Freundschaften, weil sich einer der Freunde in Gegenwart des anderen schlecht fühlt und eines Tages entscheidet sich dieser den „Besseren" nicht mehr zu treffen, weil er dieses Gefühl schlechter zu sein nicht mehr ertragen kann. Eigentlich ist es das eigene Selbstwertgefühlt, das einem fehlt. Falls es Ihnen so ergeht, dann nutzen Sie diese Möglichkeit und treffen Sie diesen Freund/ Freundin öfters mal und beobachten Sie Ihre Gefühle und Reaktionen und kehren Sie sie um. Sehen Sie das als eine Art Lehre und machen Sie sich selbst stärker. Sie können sich selbst aufbauen und wenn Sie dann stark genug sind, werden Sie automatisch den Bonus erhalten und sich nicht mehr mit irgendwelchen Leuten vergleichen. Sie sind dann die Stärkere!

Halten Sie Ihren Charakter im Fokus. Falls Ihr Leben heute nicht das ist, was Sie sich vorgestellt haben, dann sollten Sie an Ihrem Charakter arbeiten.

Charakter (Prägung) sind psychische Programme, die tief verwurzelt in uns sind. Sie laufen automatisch ab und wir schenken ihnen kaum Beachtung. Ein tiefverwurzeltes Programm läuft täglich in Ihnen ab und erschafft genügend an Elektro-Magnetischen-Feldern, um bestimmte Begebenheiten in Ihr Leben zu ziehen. Nun in der Ära Wassermann wird alles offengelegt und falls Ihnen etwas nicht gefällt, was Sie vom Leben bekommen, dann überprüfen Sie Ihren Charakter. Die Aussage „die anderen müssen mich so nehmen, wie ich bin" ist in der neuen Ära fehl am Platz. Wenn Sie sich unhöflich, cholerisch, unfreundlich und respektlos den anderen gegenüber verhalten, dann werden die anderen Sie nicht so akzeptieren, wie Sie sind. Sie werden sich von Ihnen abwenden und Sie riskieren ein Leben in Einsamkeit. Vielleicht wird der eine oder andere bleiben, aber nur aus Mitleid. Die neue Zeit fordert Anpassung. Unsere Anpassungsfähigkeit wird hier verstärkt gelebt. Die Anpassungsfähigkeit fordert immer wieder sein Verhalten im Fokus zu haben und Innenschau zu betreiben.

Lassen Sie das Urteilen und Kritisieren. Kritik üben ist keine positive Eigenschaft. Diejenigen, die oft Kritik an anderen üben, versuchen sich nur von den anderen abzuheben. Indem man den anderen kritisiert und verurteilt, stellt man denjenigen in ein

schlechtes Licht und hofft, sich dann stärker und besser zu fühlen – nach dem Motto: „Guck mal ich bin besser als du!" Da haben wir wieder den Vergleich mit den anderen und dabei versucht man nur seine eigene Unsicherheit zu verstecken. Vergessen Sie nicht, dass Ihr Gegenüber nach einer unangenehmen Kritik Ihnen die Pest an den Hals schicken kann und wundern Sie sich dann nicht, warum das Leben plötzlich einen anderen Lauf nimmt.

Falls Sie aber selbst unbegründet kritisiert werden sollten, dann nehmen Sie das mit etwas Humor - je lauter ein Hund bellt, umso kleiner ist er!

Erkennen Sie das Wichtige. Unser Leben besteht aus kleinen Geschehnissen und großen Situationen. Es liebt auch, wenn man sich um es kümmert. Das Leben liebt Ordnung, klare Strukturen, Dankbarkeit, Gutmütigkeit und mutige Menschen liebt das Leben nun wirklich sehr. Wenn Sie Ihr Leben in den Griff bekommen möchten, dann achten Sie darauf, dass alles geregelt ist. Gibt es Chaos in einem der Lebensbereiche? Dann bereinigen Sie das so schnell wie möglich. Gibt es Probleme in Beziehungen und Freundschaften? Dann reden Sie mit diesen Menschen und stellen Sie die Sache klar. Seien Sie mutig. Heutzutage erfahren wir sehr viel Ablenkung durch Werbung, durch Smartphones und Shopping. Alles Sachen, die einen reizen, aber letztendlich nichts bringen. Sehen Sie in Ihrem Leben Dinge, die Früchte bringen und verlieren Sie nicht zu viel Zeit mit nutzlosen Dingen. Das Leben wird Ihre Arbeit sehen und wird Ihnen vom Gold-Konto aus Bonuszahlungen schicken.

Lieben Sie die Welt. Die Welt an sich ist ein außergewöhnliches Konstrukt. Sie ist wunderschön und ganz freundlich. Nur wir Menschen, haben unsere Welt so gemacht, wie sie heute ist und sie zahlt es uns heim mit Naturkatastrophen und das nur, weil sie es nicht mehr ertragen kann. Prüfen Sie sich selbst, wie Sie mit der Umwelt umgehen. Schätzen Sie Ihr Essen? Lieben Sie Pflanzen und Tiere? Erfreuen Sie sich an einer schönen Landschaft? Öffnen Sie Ihre Augen und versuchen Sie das zu sehen, was Sie bisher nicht bemerkten. Sie werden sich wundern.

Lieben Sie sich selbst. Selbstliebe besteht aus vier Aspekten: Selbstbewusstsein, Selbsteinschätzung, Selbstrespekt, Selbstsorge. Wenn Sie Ihr Selbst ganz bewusst wahrnehmen, werden Sie auch die Signale, die Ihnen Ihr Körper sendet, wahrnehmen und werden die leise Stimme Ihrer Intuition hören. Wenn Sie sich selbst korrekt einschätzen, dann werden Sie

sich nicht mehr überanstrengen und werden Ihre Grenzen ganz genau kennen. Sicherlich können Sie diese Grenzen ausweiten, aber in erster Linie sollten diese Grenzen respektiert werden. Sie sind nicht umsonst da. Ihre Grenzen grenzen Ihre Erfahrungen ein und das ist Ihr Leben – das verdient Ihren Respekt. Oftmals entstehen Grenzen, weil wir zunächst nicht stark genug sind, um die Wirklichkeit zu sehen, zu viel Angst haben oder unsere Komfortzone ist sehr stark und zitiert uns das Leben. Doch sobald Sie die Verantwortung für sich Selbst und Ihr Handeln übernommen haben, werden Sie sich selbst umsorgen, weil Sie dann ganz genau verstehen, dass Sie der wichtigste Mensch in Ihrem Leben sind. Schließlich können Sie Ihre Liebsten nur lieben, wenn Sie sich selbst lieben. Denn man kann nichts geben, was man nicht hat.

9. Von Information zu Reformation

Die einen denken, dass Wissen Macht ist und die anderen sind überzeugt, dass „je weniger ich weiß, umso besser schlafe ich"- Formel doch eher in ihr Leben reinpasst. Es ist wichtig Wissen zu besitzen, die Frage ist, welche Qualität das Wissen hat? Zunächst einmal sollte man unterscheiden zwischen Information und Wissen.

Nun nehmen wir an, Sie hören eine Nachricht. Ihr Intellekt reagiert auf diese Nachricht und Ihre Emotionen werden kurz aktiv. Bei der nächsten Ablenkung vergehen die Emotionen und nach einer kurzen Zeit vergisst man das, was man gehört hat. So leben die meisten Menschen und das ist von der Natur so programmiert, um uns zu schützen. Denn unsere Gedanken werden in unserem mentalen Körper generiert, die Gefühle sind im Emotionskörper angesiedelt und die Handlung basiert auf dem Kausalkörper. Dieses Zusammenspiel von diesen drei feinstofflichen Körpern hat eine große Wirkung auf jedes einzelne Leben. Die drei Schritte wieder -> man denkt, man fühlt, man handelt. Wenn Sie eine Veränderung Ihres Charakters herbeiführen möchten, dann wird die Information auf diesen Ebenen nicht viel bewirken. Die Natur hat sich schon was dabei gedacht und

möchte nicht, dass wir mit großen Gefühlen auf jede „Kleinigkeit" reagieren. Es wirkt wie ein Filter. Sobald Sie gelernt haben, bewusst auszuwählen, welche Information Sie gerade für Ihr Leben benötigen, wird der Filter durchbrochen.

Eine Information kann Sie erst verändern, wenn sie Ihre tiefsten Ebenen der Seele und des Geistes erreicht hat. Dann beginnt eine innere Formation und das bewusste Innenleben. Wenn Ihre Seele und Ihr Geist auf eine Information reagieren, dann leben Sie auf einer ganz anderen Ebene der Wahrnehmung. Sie erkennen die Reaktion des Geistes mit einem Gedanken wie „Jetzt geht mir aber ein Licht auf, war doch klar! Warum habe ich früher nicht daran gedacht?" oder Sie reagieren mit tiefsten Gefühlen auf eine Information. Das kann Mitleid sein oder tiefste Dankbarkeit. Das kann auch Freude sein, die so groß ist, dass Sie Tränen lassen. Aus diesem Grund muss man bewusst auswählen, welche Information wir in unser Leben reinlassen. Wenn Sie nach einem aggressionsreichen Film oder nach einem schrecklichen Zeitungsbericht nicht schlafen können, dann wurden Ihre Seele und auch Ihr Geist berührt. Lassen Sie nicht zu, dass Ihre tiefsten Aspekte Negatives erfahren, weil das Negative Ihre Wahrnehmung durch Angst ins Negative umkehren kann. Schreckliche Bilder oder Gefühle werden dann ins Unterbewusstsein verdrängt, weil das Bewusstsein diesen Zustand als Realität nicht wahrhaben will. Es bleibt aber immer in unserer unbewussten Wahrnehmung und kann uns sogar steuern. Ein Beispiel: Sie schauen sich einen Horrorfilm an, in dem es um gewalttätige Szenen geht, die sich irgendwo auf einer abgelegenen Hütte in den Bergen abspielen. Wenn Sie dabei angsterfüllte Gefühle empfinden und eigentlich nicht hinschauen wollen, dann entsteht in Ihnen eine Blockade und in Zukunft werden Sie solche Hütten meiden, wenn Sie allein in den Bergen unterwegs sind. Somit erschaffen Sie eigenhändig eine psychische Blockade, die Ihr Handeln eingrenzt.

Füllen Sie Ihr Leben mit positiven Neuerungen und empfinden Sie dabei tiefste Freude und Dankbarkeit. Sie werden sehen, dass sich nach einiger Zeit Ihr Leben besser anfühlen wird. Es wird Ihnen danken, dass Sie so viel Selbstachtung besitzen und jedes Mal aufs Neue entscheiden, ob Sie Ihre Seele und Ihren Geist durch Schönheit oder Hässlichkeit berühren lassen. Denn auf der geistigen und seelischen Ebene sammeln Sie wahres Wissen an. Wissen ist das Sprungbrett zu Ihrer Re-Formation. Ein wichtiger Punkt darf an dieser Stelle nicht fehlen, denn hier beginnt auch die Verantwortung für das eigene Leben.

Haben Sie schon mal daran gedacht, warum das Wort „Leben" umgekehrt gelesen „Nebel" heißt? Ist das nicht eine direkte Botschaft vom Leben, dass man Schritt für Schritt durch ständiges Anpassen, durch neues verinnerlichtes Wissen und eine neue Ausrichtung und Entwicklung der eigenen Talente auf den richtigen Lebensweg kommen sollte und nicht umherirren wie im Nebel?

Nebel entsteht aber, wenn man zu viele innere Konflikte hat wie: man weiß, dass man eine Frau ist, in sehr vielen Situationen aber handelt man eher wie ein Mann. Warum ist das so? Zum einen fehlt das Verständnis für das eigene Selbst und zum anderen kann es sein, dass man sehr viele männliche Vorbilder im Leben hatte oder die Lebensumstände haben uns zu dem gemacht, was wir heute sind oder man wollte es jedem recht machen und hat sich andauernd des Friedenswillens verstellt.

Im ersten Schritt müssen wir verstehen, dass in jedem Körper zwei wichtige Kräfte leben – die Männliche und die Weibliche! Wir wissen heute, dass jedes Embryo bis zu einem gewissen Alter geschlechtslos ist und erst später entsteht ein weiblicher oder männlicher physischer Körper, doch auf der feinstofflichen Ebene tragen wir beide Energien in uns – die Männliche und die Weibliche.

Unsere Eltern fördern im Laufe der Jahre die eine oder die andere Seite in uns. Es kann passieren, dass die männliche Energie in einem Mann unterdrückt oder nicht gefördert wird und sucht dann ihren Ausdruck entweder in Aggression oder Schüchternheit. Bei einer Frau ist es dann eher depressives und unzufriedenes Dahinleben. Wenn eine Frau Überschuss an männlicher Energie hat, dann ist sie in männlichen Sportarten aktiv, neigt zur Aggression und führt oft Kämpfe aus, sei es im Job oder auf der sozialen Ebene.

Es liegt auf der Hand, dass die beiden Energien uns zum Überleben gegeben sind – zum Überleben in Notzeiten. Wenn in Kriegszeiten Männer in den Krieg ziehen, muss eine Frau auch wissen, wie sie den Alltag gestaltet und überlebt. Wenn ein Mann seine Frau verloren hat und eine Tochter hat, muss er auch wissen, wie er seine Tochter am besten erzieht. Diese männlichen und weiblichen Aspekte sind unsere Instrumente, um das Leben gut zu meistern.

Aus diesem Grund ist die Aussage „man sei im falschen Körper" irreführend seines Selbst. Wenn man beide Energien im Griff hat und man hat eine Neutralität erreicht, dann befindet man sich grundsätzlich in Ruhe, Harmonie und Balance. Die uns bekannte Aufgabenverteilung zwischen Mann und Frau beginnt auf der physischen Ebene, weil sich die Körper voneinander unterscheiden. Auf dieser Ebene müssen beide Parteien für Ihre Kraft selbst die Verantwortung tragen. Viele Frauen müssen heutzutage schwere Kisten schleppen oder Einkäufe oder sonstige schweren Arbeiten verrichten, weil sie keine männliche Unterstützung haben. Das gehört eben zu den Lebensumständen, die uns verändern.

Doch zurück zum Thema Information vs. Wissen. Ich würde sagen, dass eine Information gut ist, aber wenn man die In-Formation am eigenen Leib nicht erfährt, dann bleibt es eine Info und wird nicht zum Wissen. Dadurch, dass jeder Mensch sein individuelles Wissen/ Erfahrung macht, können wir gar nicht in unserem doch kurzen Leben alles erfahren und wissen. Deswegen sammeln Sie nicht alles Mögliche an Infos – formen Sie lieber Ihr Inneres selbst, indem Sie entscheiden, welche Information Sie gerade brauchen können und was gar nicht zu Ihrem Leben passt. Werden Sie sich erstmal klar, was Sie von Ihrem Leben wollen und fangen Sie dann an mit dem vollen Respekt zu Ihnen selbst Ihre innere Formation zu vollbringen. Je mehr eigenes und persönliches Wissen Sie am Ende haben, umso mehr werden Sie sich selbst mögen und respektieren. Füllen Sie Ihr Selbst mit Selbstachtung und leben Sie bewusst.

Trickkiste

Männliche und Weibliche Energien stärken

TECHNIK: wenn Sie aufgeregt und nervös sind, dann atmen Sie durch die linke Nasenöffnung solange bis Sie eine Wärme empfinden. Fehlt es Ihnen an Durchsetzungskraft oder haben Sie Angst vor einer bestimmten Situation, dann atmen Sie durch die rechte Nasenöffnung. Mit dieser Technik aktivieren Sie weibliche (linke Nasenöffnung) oder männliche (rechte Nasenöffnung) Energien in Ihnen.

Lasse den Körpergeist frei!

Denken Sie an Ihre Kindheit und an die Leichtigkeit, die Sie damals hatten. Jeder von uns hat viele verschiedensten Bewegungen in der Kindheit gemacht, ohne sich Gedanken zum Ergebnis zu machen. Wir haben alle getanzt, gesprungen, Handstand gemacht, sind auch oft auf dem Kopf gelandet. Doch es war alles recht und super. Damals war der Körpergeist noch nicht eingefangen. Mit den Jahren hat man uns gelehrt gerade zu sitzen, richtig

zu laufen, in der Gesellschaft von anderen Menschen bloß nicht einen fallen lassen etc. Nun der Körpergeist wurde in einen Käfig eingesperrt und kann sich nicht entfalten. Den Körpergeist brauchen wir aber, um mit unserem Körper zu kommunizieren.

TECHNIK: nehmen Sie sich viel Zeit, eine Stunde etwa. Klopfen Sie erstmal alle Gliedmaßen mit einer Faust leicht durch. Das soll die Durchblutung und die Lymphe erstmal anregen. Strecken Sie sich kurz und legen Sie sich auf den Boden. Gehen Sie in sich und scannen Sie mit Ihrem Bewusstsein den ganzen Körper – Stück für Stück. Bleiben Sie solange liegen, bis der Körper anfängt sich zu melden. Er wird sich mit Juckreiz, Schmerzen, Brennen oder Kribbeln melden. Er will Ihnen signalisieren, dass er sich bewegen möchte. Nun tun Sie das, wonach der Körper fragt. Wenn es Sie juckt, dann jucken Sie sich so richtig ausgelassen, verspüren Sie Schmerzen, dann streicheln Sie die Stelle mit Ihrer Hand, haben Sie irgendwo ein Kribbelgefühl, dann kneten Sie die Stelle mal richtig durch. Folgen Sie der Stimme des Körpers. Es kann passieren, dass Sie am Ende, einen Hund nachmachen oder einen Vogel. Vielleicht haben Sie Lust eine Schlange zu sein. Das alles ist möglich. Lassen Sie einfach zu, dass der Körper, auch mal mit Ihnen das macht, was er möchte. Wenn Sie das oft genug gemacht haben, können Sie den nächsten Schritt tun und mit Ihren Organen oder Körperteilen sprechen.

Das Ziel dieser Technik ist es, zu lernen, den Körper zu hören und mit ihm zu kommunizieren. Sobald Sie dieses bestimmte Körpergefühl erlangt haben, werden Sie jedes Signal des Körpers wahrnehmen und verstehen. Sie werden dann eine andere Beziehung mit Ihrem Körpergeist eingehen.

Aktivierung des Immunsystems und des Energieflusses

Die bekannte Thymusdrüse ist eine vergessene Geheimwaffe zur Aktivierung des Immunsystems und des Energieflusses. Falls Sie sich schwach und müde fühlen, dann klopfen Sie die Region der Thymusdrüse leicht durch. 12 – 15 Mal gegen den Uhrzeigersinn sollten reichen, um einen Energieschub zu produzieren. Das Wasser im Körper kommt in Schwung und der angesammelte Sumpf fängt an sich zu bewegen und zu reinigen. Jede Bewegung produziert Energie und die Reinigung ruft auch eine Entsäuerung herbei – eine Wohltat für das Immunsystem.

Massage und Co

Selbstmassage ist eine bewährte Methode für ein besseres und gestärktes Körpergefühl. Doch es gibt bestimmte Punkte und besondere Körperteile am Körper, die nach einer kurzen Einwirkung Wunder entstehen lassen. Hier geht es um die Ohren, Hände und Füße. Scheuen Sie sich nicht Ihre Ohren komplett durchzukneten bis sie rot werden, kneten Sie und massieren Sie öfter am Tag Ihre Hände und Füße, um den Energiefluss in Ihrem Körper zu aktivieren.

Musik – eine Wohltat für den Körper

Wir können uns glücklich schätzen, dass wir heute so viele verschiedene Musikrichtungen und Arten von Melodien haben und das alles so leicht zugänglich. Früher war die klassische Musik nur einer bestimmten Menschengruppe vorenthalten. Heute kann jeder nach seinem Belieben das hören, was er möchte. Aber auch mit der Musik muss man mit Bedacht umgehen. Jeder Ton hat eine bestimmte Schwingung, die sich auf unsere feinstöfflichen Körper auswirkt und hat man es lang genug gehört, dann kann sich die Vibration auch auf den physischen Körper übertragen. Je nach Art des Tons/ Vibration kann es auch Glück oder Schaden hinterlassen. Aus diesem Grund ist es empfehlenswert die Musik, die Sie gerade hören möchten, ganz bewusst auszuwählen. Wenn es einem nicht so gut geht, dann neigt man dazu, eine eher aggressive oder traurige Musik zu hören. Es ist auch in Ordnung, wenn man gerade in diesem Moment, eine negative Lebenssituation verarbeiten möchte. Wenn man gerade noch nachempfinden möchte, welche Gefühle einen gerade bewegen, um diese dann loszulassen. Gefährlich wird es, wenn man jeden Tag aggressive, traurige, melancholische, disharmonische Musik mit negativen Texten hört. Das wird sich eines Tages auf das menschliche Gemüt auswirken, man gerät in Stimmungsschwankungen, mit der Zeit gewöhnt man sich an sein instabiles Verhalten und wird selbstverständlich ähnliche Situationen in sein Leben ziehen. Es ist nämlich die Gewohnheit (Programm), die unseren Charakter und das Leben prägt. Wenn Sie sich Ruhe und Harmonie im Leben wünschen, dann fangen Sie schon mal hier an und wählen Sie ganz bewusst aus welche Töne Ihr Leben beeinflussen dürfen. Wenn Sie sich heute kraftlos fühlen, dann machen Sie eine power-Musik an und tanzen Sie, was das Zeug hält. Ihr Körper kriegt kraftvolle Vibrationen, gerät in Bewegung, Blutzirkulation und Lymphe werden aktiviert, Serotonin ausgeschüttet und schon fühlen Sie sich um Vielfaches stärker.

Starkes Immunsystem, Schleimhautregeneration und Schutzbarriere

Jeder von uns sollte es sich angewöhnen tägliche Rituale zu haben, die die Lebenserhaltung und Gesundheit fördern. Diese Trickkiste gibt Ihnen eine ganzheitliche Anweisung, das Immunsystem zu aktivieren und zu fördern. Je älter man wird umso weniger Wasser kann der Körper behalten und somit werden auch die Schleimhäute schwach. Dies führt dazu, dass das Immunsystem Löcher bekommt und anfällig für Viren und Bakterien wird. Wir müssen diese beiden Abwehrsysteme in ihrer Arbeit unterstützen und das funktioniert nur, wenn eben tagtägliche Rituale eingeführt werden.

Vor allem in Zeiten von Viren müssen wir bestimmte Dinge beachten:

1. Zellschutz
2. Befeuchtung der Schleimhäute
3. Stärkung des Immunsystems

Zellschutz

Zellschutz erreicht man durch Einnahme mit Vitamin A angereichte Lebensmittel wie Karotten etc., alle B Vitamine, Vitamin C und auch Mineralien wie Zink, Selen und Magnesium. Die Vitamine bekommt man über Lebensmittel oder Nahrungsergänzungsmittel.

Befeuchtung der Schleimhäute

Der beste Lieferant der Befeuchtung für die Schleimhäute ist das Himalaya-Salz oder Meersalz. Mit einer Sole können Sie gut gurgeln und Nasenspülungen durchführen. Zudem wirkt sie sehr desinfizierend. Es ist auch wichtig viel zu trinken und vor allem warmes Wasser und Tees vertreiben sehr schnell die Viren, weil sie sich unwohl in der warmen Umgebung fühlen. Aber übertreiben Sie es nicht mit vielen verschiedenen Teen, denn unser Darm ist auch ein Gewohnheitstier und kann eine große Menge an Pflanzenheilstoffen manchmal nicht vertragen und reagiert mit Durchfall. Sie können inhalieren mit Thymian, Salbei, Meersalz, Lavendelöl oder Eukalyptusöl.

Was dem Rachen guttut, tut auch der Schleimhaut gut. In dem Fall sind Lutschpastillen mit Propolis und

Cranberries sehr hilfreich, weil sie mit Vitamin C angereichert sind.

Stärkung des Immunsystems

Wir wissen alle, dass ein Spaziergang im Wald Wunder bewirkt und natürlich ist der Sauerstoff ein sehr guter Treiber für das Immunsystem. Es ist empfehlenswert beim Spazierengehen, 4 Schritte lang einzuatmen und 6 Schritte oder mehr, auszuatmen.

Basenduschen vor allem morgens nach einer kurzen Sporteinheit ist eine Wohltat für den Körper, denn er hat die ganze Nacht für uns gearbeitet, Toxine an die Hautoberfläche gebracht und Vitalstoffe an den Körpersubstanzen weitergegeben. Wenn wir morgens zunächst einmal eine 10-minütige Aufwärmgymnastik machen, aktivieren wir einen guten Schub in der Lymphe, um noch die letzten Toxine aus dem Körper heraus zu transportieren. Und hier ist es wichtig, diese Toxine und Giftstoffe abzuwaschen. Andernfalls werden die Poren durch die Gifte verstopft und dadurch, dass die Haut atmet, zieht sie sie wieder in den Körper rein. Benutzen Sie am besten Basenseifen oder Basenduschgels für die morgendliche Dusche, um Säuren und Gifte zu neutralisieren.

Ein starkes Immunsystem ist sehr mit dem gesunden Darm verbunden. Prüfen Sie Ihre Essgewohnheiten. Essen Sie bewusst und essen Sie grün. Reduzieren Sie säurehaltige Lebensmittel, Alkohol und Zigaretten, zumindest für die Zeit, in der Sie Ihr Immunsystem aktivieren wollen.

Wenn Sie Viren loswerden wollen, dann integrieren Sie für 2-3 Wochen Fußbäder in Ihr Wochenplan und machen Sie vor dem Schlafen gehen einen Ingwerfußbad. Ingwer ist eine sehr starke Wurzel gegen die Viren.

Zusätzlich dazu können Sie gerne jeden Abend eine frische Zwiebel kleinhaken und neben Ihr Bett hinstellen. Die gute Zwiebel ist in der Lage herumfliegende Viren einzufangen und zu binden, deshalb sollten Sie diese Zwiebel gleich nach dem Aufwachen entsorgen.

Senfwickel sind Viren-, Pilz- und Bakterienhemmer. Sie haben auch eine ableitende und durchblutungsfördernde Wirkung und helfen somit die Infekte in den Schleimhäuten vor allem in den Lungen zu lösen und heraus zu transportieren.

Reine Haut

Die Haut ist unser größtes Organ und kriegt aber viel zu wenig an Vitalstoffen, um einen guten Regenerationsprozess durchzuführen, denn in erster Linie werden die lebenswichtigen Organe mit Vitalstoffen beliefert und der Rest bleibt für die Haut. Sie ist auch unser Sprachrohr der Atmung und des Ausscheidens. Die Haut atmet durch die Poren. Sie atmet ein und auch aus. Wenn die Poren verstopft sind, kann sich die Haut am Sauerstoff schlecht bedienen und bekommt nicht genug Kraft, um sich zu regenerieren. Durch sie wird auch überschüssige Säure des Körpers ausgeschieden. Also muss sie gründlich gereinigt werden. Am besten verwendet man basische Produkte für die Hautreinigung. Es gibt mittlerweile gute Seifen und Gels in den Bioläden oder man mischt sie selbst. Sie hängt aber auch sehr vom Hormonhaushalt ab.

Reinigung des Körpers

1. Körperpeeling: Olivenöl vermischt mit Meersalz eins zu eins.

2. Bäder: Nehmen Sie Basica-Pulver zum Baden. Lösen Sie es im recht warmen Wasser

auf und baden Sie ca. 20-30 Minuten darin. Im Anschluss fahren Sie durch Ihre Körperhaut mit einem Schwamm durch und befreien die Poren vom Talg und Säure. Ein Moorbad ist sehr hilfreich, um die Haut zu regenerieren und remineralisieren und eine gute Durchblutung herzustellen.

3. Für Knie, Ellbogen und Fußsohlen können Sie eine Zitrone halbieren und über diese Körperpartien scheuern.

4. Fußbäder mit Apfelessig (1 l mit 1 Esslöffel) lösen die Hautschuppen und desinfizieren zugleich.

Gesichtsreinigung

1. Für die feine Gesichtshaut ist es empfehlenswert milde Reinigungsgels zu verwenden. Falls diese nicht ausreichen, dann fahren Sie lieber nochmals mit einem Stück Seife aus Olivenöl und Kokosöl drüber. Und verwenden Sie im Anschluss eine Lotion, um zurückgebliebene Talgpartikel zu entfernen. Für eine fettige, zu Pickelneigende Haut empfiehlt sich auch das

kolloidale Silber als Tonikum. Es wirkt desinfizierend.

2. Gesichtspeeling: für großporige Haut gibt es ein Peeling mit 2 Teelöffel Backpulver und dem Saft einer halben Zitrone. Am besten Sie drücken die Zitrone in ein Schüsselchen mit Packpulver aus und tauchen die Zitrone dort ein. Fahren Sie dann mit der Zitrone über die Gesichtshaut für ca. 2 Minuten und lassen das Gemisch für weitere 2 Minuten auf dem Gesicht aufgetragen. Reinigen Sie das Gesicht im Anschluss mit warmem Wasser.

3. Gesichtspeeling für feine Haut: vermischen Sie Haferflocken mit Milch, sodass die Masse zu einem Brei wird und mischen etwas Backpulver hinzu. Massieren Sie das Gemisch in Ihre Gesichtshaut ein. Lassen Sie es noch kurz einwirken und spülen es runter mit warmem Wasser.

Gesichtspflege

Gewöhnen Sie sich an, zwei Mal die Woche eine Wellnessstunde einzulegen. Ob Sie sich dabei die Nägel feilen oder eine Haarmaske auftragen, bleibt Ihnen überlassen. Ich habe es mir angewöhnt immer mittwochs und sonntags eine Pflegestunde zu genießen. Dabei geht es um Gesichtsbehandlung mit Reinigung, Peeling, Masken und Cremes und das Ziel: so viel wie möglich zu reinigen und so viel wie möglich Feuchtigkeit ins Gesicht zu schleusen.

Je nach dem welcher Hauttyp Sie sind, gibt es zig verschiedene Masken.

1. Feuchtigkeit: 1 Esslöffel Quark, 1x Teelöffel Honig, 1x Kapsel Fischöl gut vermischen und 30 Minuten lang einwirken lassen.
2. Feuchtigkeit: 1xEsslöffel Schmand, 1x Eigelb, 1x Teelöffel Honig, 1x Teelöffel Apfelessig gut verrühren und auch 30 Minuten einwirken lassen.
3. Reinigung und Anregung: 1x Teelöffel Honig, 1x Teelöffel Zitronensaft, ½ x Teelöffel Zimt, 1x Teelöffel Muskatnuss (Gewürz). Bei Möglichkeit sollte diese Maske 30 Minuten auf der Haut bleiben. Dadurch, dass das Gemisch etwas würzig ist, kann es leicht brennen, dann bitte mindestens 10 Minuten drauf lassen.

Für eine **Gesichtsstraffung** gibt es auch tausende verschiedene Masken. Als Basis für das Gemisch verwende man einen Teelöffel Kartoffelstärke und man mische dies mit allen möglichen Zutaten wie Collagenpulver, Backpulver, Eigelb oder Eiweiß, Honig, Retinol, Rosenöl, Vitamin E auf Ölbasis, Avocado, Banane etc.

Meine Lieblingsmaske zur Gesichtsstraffung besteht aus: 1x Teelöffel Kartoffelstärke, 1x Teelöffel Collagenpulver, 1x Teelöffel Honig, 5x Tropfen Retinol, 5 Tropfen Vitamin E und etwas Milch, um das Ganze zähflüssig zu machen.

TIPP: finden Sie Ihre Lieblingsmasken und verwenden Sie sie immer. Springen Sie nicht von einer Maske zur nächsten, weil sich Ihre Haut auch an die Inhaltsstoffe gewöhnen muss, um Resultate zu zeigen.

Meditative Schönheitspflege

Auch wenn Sie gerade nichts zur Hand haben und stehen vielleicht im Stau oder müssen auf etwas oder jemand warten, dann nutzen Sie die Zeit für Ihre meditative Schönheitspflege. Je nachdem, wo Sie ein Problem sehen, konzentrieren Sie sich auf diese eine Stelle auf Ihrem Gesicht oder Körper. Versuchen Sie eine Vibration herzustellen. Das geschieht durch die erhöhte Kraft der Konzentration und des Fokus. Sobald die Vibration durch Kribbeln fühlbar ist, dann lassen Sie die Vibration in Farben erscheinen. Finden Sie Ihre Lieblingsfarbe der Vibration und lassen Sie Ihre Aufmerksamkeit an dieser einen Stelle verweilen. Sobald Sie fühlen, dass sich die Temperatur an dieser einen Stelle verändert, haben Sie den Motor für die Veränderung angeschmissen. Wenn Sie eine Kühle spüren, dann löst sich eine Blockade, die unbedingt in der nächsten meditativen Sitzung mit Wärme gefühlt werden sollte.

TIPP: verwenden Sie bitte keine dunklen Farben. Dunkle Farben tragen nicht zu Genesung oder positiven Veränderung bei.

ENERGIZE your FACE

Diese Technik ist eine Abfolge von bestimmten Einwirkungen auf das Gesicht wie Klopftechnik, Massage, Akupressur oder Muskeltraining. Mit einem Aufwand von 15-20 Minuten am Tag können Sie sehr gute Resultate zur Verbesserung der Blutzirkulation und Lymphe erreichen. Es ist wichtig, dass unsere Gesichtshaut auch gut durchblutet und durchwässert ist, um länger straff und schön zu bleiben. Leider vergessen wir der Gesichtshaut unsere Aufmerksamkeit zu schenken und erst mit zunehmendem Alter sehen wir unsere Vernachlässigung. Aber man kann auf jeden Fall zu einem frischen Teint und Festigkeit etwas beitragen, indem man seinem Gesicht wieder Aufmerksamkeit schenkt und die Verspannungen im Gesicht löst.

Technik „Wake-me-Up": Klopfen Sie zunächst Ihren kompletten Kopf, Gesicht, Hals, Nacken und Dekolleté ganz leicht mit Fingerkoppen durch, bis Sie fühlen, dass es in den Fingern sowie auf der Haut beginnt zu kribbeln. Machen Sie im Anschluss etwas Gesichtsyoga und ziehen Sie ruhig Grimassen. Das dient dazu den Blutfluss in den Gesichtsmuskeln zu aktivieren. Massieren Sie Ihr Gesicht im Anschluss als würden Sie das Wasser aus dem Gesicht rausstreichen wollen und vergessen Sie nicht Ihre

Kopfhaut zu massieren, denn hier sitzen sehr viele Verspannungen. Danach bücken Sie sich vor und klopfen das Gesicht von der Mitte zu den Seiten, runter zum Dekolleté und nach hinten zum Nacken ganz ruckartig durch. Wiederholen Sie die Klopftechnik ca. 3 Mal. Im Anschluss richten Sie sich auf und Sie werden sehen, dass Ihre Gesichtshaut bereits leicht gerötet ist. Und zu guter Letzt aktivieren Sie die Akupressurpunkte:

- Zwischen den Augenbrauen
- am Anfang der Augenbrauen oben
- am Ende der Augenbrauen oben
- am Anfang der Augenbrauen unten
- zwischen Nasensteg und Oberlippe
- zwischen Kinn und Unterlippe
- am Ende der Ohrläppchen

Drücken Sie mäßig auf den Akupressurpunkt für 2 Sekunden.

Technik „Relax-and-Sleep": Reinigen Sie Ihr Gesicht und entfernen Ihr Make-Up wie üblich vor dem Schlafengehen. Nehmen Sie ein für Sie bekömmliches Massageöl und tragen Sie es auf Ihre Gesichtshaut, Hals und Dekolleté auf. Massieren Sie Ihr Gesicht von oben bis unten in Kreisbewegungen

mit dem Daumenknochen von innen nach außen. Passen Sie bei der Halsmassage auf den Druck auf, denn am Hals verlaufen bestimmte Nerven- und Blutbahnen, die bei zu viel Druck zu Schwindel führen.

Geheimtipp: Und jetzt verrate ich Ihnen mein Geheimnis im Kampf gegen Falten.

Sicherlich haben Sie schon was über die Kinesiotapes gehört. Das sind die bunten Streifen, die oft von Sportlern getragen werden. Die Kinesiotapes sind luftdurchlässig, elastisch, haben die Eigenschaft Faszien und sogar Muskeln zu stärken und zu aktivieren. Sie bestehen zu 90% aus Baumwolle und sind fast jeder Haut gut bekömmlich.

Es gibt bereits diesen einen Trend aus Asien, der sich Beauty-Taping nennt und es hat wirklich Wirkung gezeigt, vorausgesetzt Sie halten die Maßnahmen für zwei bis drei Wochen durch. Die Mimikfalten werden auf den jeden Fall sichtbar reduziert und die Falten, die durch die Schlafposition entstehen, weichen fast komplett aus Ihrem Gesicht.

Sie benötigen dafür:

-Kinesiotape (egal welche Farbe)

-Gesichtsöl (das beste für Ihre Haut)

-Reichhaltige Augen- oder Gesichtscreme

-Pflege Eye-Patch (überall erhältlich)

Augenpartie: Schneiden Sie aus dem Tape einen Eye-Patch aus. Legen Sie das Eye-Patch in das Öl für einige Minuten ein, bis es sich mit Öl voll gezogen hat. Tragen Sie die reichhaltige Creme auf Ihre Augenpartie auf und kleben Sie das Eye-Patch auf die untere Augenpartie, warten Sie bis die Haut das Öl und die Creme etwas eingezogen hat und gehen Sie damit schlafen. Nehmen Sie es am Morgen, nach dem Aufstehen gleich ab, waschen Sie Ihr Gesicht und tragen noch ein Pflege-Eye-Patch auf. Nach ca. 10 Minuten werden Sie über das Ergebnis staunen.

Falls es beim Abziehen unangenehm ist oder weh tut, dann haben Sie zu wenig Creme aufgetragen. Dann machen Sie die Kinesiotapes gut nass und ziehen sie dann vorsichtig ab.

<u>Zornesfalte</u>: Schneiden Sie ein Dreieck aus und kleben Sie das Dreieck auf die Zornesfalten auf und gehen Sie damit schlafen.

ENERGIZE your BODY

Diese Abfolge von Bewegungen habe ich für mich entdeckt als ich weder joggen noch schnell laufen konnte. Hüpfen und springen war eine sehr lange Zeit für mich tabu. Da ich aber doch sportlich aktiv war, konnte ich nicht von heute auf Morgen nichts mehr tun….

Man beginnt am Morgen zunächst mit Dehnübungen jeglicher Art, das kann man noch im Bett liegend machen. Sobald Sie aufgestanden sind, stretchen Sie sich wie eine Katze in alle möglichen Richtungen. Bewegen Sie danach jedes Gelenk durch Kreisbewegung fünf Mal in jede Richtung. Fangen Sie hier am besten mit den Füßen an und gehen Sie hoch bis zum Kopf. Wenn Sie fertig sind, klopfen Sie Ihren Körper intensiv von oben bis unten durch. Bitte lassen Sie den Bauchraum aus und streicheln Sie den Bauch lieber in Kreisbewegungen von Ihnen aus gesehen nach links. Im Anschluss kneten Sie Ihre Füße und Handflächen durch und spreizen Sie die

Finger und Zehen. Schütteln Sie sich kurz durch und lächeln Sie sich in den Tag.

Nutzen Sie diese Bewegungsabfolge mehrmals am Tag, wenn Sie lang gesessen sind oder gelegen. Sie werden merken, dass Sie sich danach frischer fühlen.

Danksagung

Liebe Tatjana,

vielen Dank für deine Unterstützung und dein Heilpraktikerwissen. Deine Ratschläge sind Gold wert und du als Mediziner bist unabkömmlich.

Informationen und Hinweise

Autor: Olesja Silkina

www.facebook.com/olesjasilkina

Impressum

Bibliografische Information der Deutschen Nationalbibliothek: Die Deutsche Nationalbibliothek verzeichnet diese Publikation in der Deutschen Nationalbibliografie; detaillierte bibliografische Daten sind im Internet über dnb.dnb.de abrufbar.

© 2021 Olesja Silkina
Herstellung und Verlag: BoD – Books on Demand, Norderstedt
ISBN: 978-3-7526-2901-9